AI 已来

从机器翻译到智能革命

让中国AI
走向世界的
王 海 峰

脑极体 著

哈尔滨工业大学出版社

图书在版编目(CIP)数据

AI已来：让中国AI走向世界的王海峰/脑极体著.—哈尔滨：哈尔滨工业大学出版社，2020.4（2020.6重印）
　ISBN 978-7-5603-8665-2

Ⅰ．①A… Ⅱ．①脑… Ⅲ．①王海峰-传记 Ⅳ.①K826.16

中国版本图书馆CIP数据核字(2020)第006646号

AI已来：让中国AI走向世界的王海峰
AI YILAI：RANG ZHONGGUO AI ZOUXIANG SHIJIE DE WANG HAIFENG

策划编辑　李艳文　范业婷
责任编辑　王晓丹　付中英
装帧设计　屈　佳
出版发行　哈尔滨工业大学出版社
社　　址　哈尔滨市南岗区复华四道街10号　邮编150006
传　　真　0451-86414749
网　　址　http://hitpress.hit.edu.cn
印　　刷　文畅阁印刷有限公司
开　　本　710 mm×1000 mm　1/16　印张15.5　插页6　字数210千字
版　　次　2020年4月第1版　2020年6月第2次印刷
书　　号　ISBN 978-7-5603-8665-2
定　　价　68.00元

(如因印刷质量问题影响阅读，我社负责调换)

王海峰博士
Haifeng Wang, Ph.D

王海峰，毕业于哈尔滨工业大学。现任百度首席技术官（CTO），整体负责百度人工智能、大数据、云计算、安全等技术和生态，以及智能云、地图、输入法等业务。

1989—1999年，王海峰在哈尔滨工业大学攻读本科、硕士、博士，1999年3月获计算机应用技术博士学位。

1999—2010年，王海峰历任微软中国研究院副研究员、isilk.com研究科学家、东芝中国研究开发中心研究部部长和首席研究员，从事机器翻译、自然语言处理、语音以及搜索技术的研究开发工作。

2010年1月，王海峰加入百度，先后为百度创建和发展了自然语言处理、知识图谱、语音、图像、机器学习等人工智能核心技术方向；2013年上半年，作为执行负责人协助创建了深度学习研究院（IDL），同年10月升任百度副总裁；2014年，任百度搜索业务总负责人，统领百度搜索业务，使百度中文搜索始终遥遥领先，完成从传统搜索到智能搜索的升级,并创建度秘等新业务;2017年,组建百度AI技术平台体系(AIG)并任总负责人,兼任研究院院长;2018年,晋升百度高级副总裁,开创百度人工智能技术"多模态深度语义理解"新阶段,并整合百度AI技术平台体系和基础技术体系,形成完整的百度技术大中台;2019年5月,王海峰被任命为百度首席技术官,9月,百度智能云事业群组(ACG)融入王海峰负责的CTO体系。

王海峰是世界上自然语言处理领域最具影响力的国际学术组织国际计算语言学协会ACL(Association for Computational Linguistics)50多年历史上首位华人主席,同时也是唯一来自中国大陆的ACL会士。2018年7月,王海峰出任ACL亚太分会AACL创始主席。王海峰还在多个国际学术组织、国际会议、国际期刊兼任各类职务。

王海峰兼任深度学习技术及应用国家工程实验室理事长、主任,中国电子学会、中国中文信息学会、类脑智能技术及应用国家工程实验室、中国人工智能产业发展联盟、新一代人工智能产业技术创新战略联盟等机构副理事长,大数据系统软件国家工程实验室技术委员会副主任,新一代人工智能战略咨询委员会委员,人工智能学会会士等。还兼任中国联通、东软控股、爱奇艺、开源中国等公司的董事或董事长。

王海峰曾获国家科技进步奖二等奖一项,中国电子学会科技进步一等奖五项,均为第一获奖人。2017年荣获首届全国创新争先奖,是唯一来自互联网行业的获奖人。2018年获得首个吴文俊人工智能科学技术奖杰出贡献奖。享受国务院政府特殊津贴。

1995年硕士期间，哈尔滨工业大学计算机科学与工程系门口，与赵铁军老师合影留念

1995年硕士期间，在哈工大机器翻译实验室留影

1997年，参加中国国际高新技术成果交易会（深圳），在哈工大展台展示机器翻译成果

1999年3月，博士学位论文答辩会，与导师李生老师、答辩委员会老师合影

2000年，香港，参加国际计算语言学协会（Association for Computational Linguistics，ACL）年会

2001年，在香港工作期间，闲暇时常与好友登山远足

2002年，台湾，参加自然语言处理领域的顶级会议COLING

2006年，与哈工大NLP人聚首，合影留念

2006年，受聘哈工大兼职教授，李生老师为其颁发聘书

2010年,百度NLP团队合影

2013年,保加利亚首都索非亚,参加ACL年会,出任ACL主席,并在晚宴做报告

2013年4月,杭州,参加863计划"互联网语言翻译系统研制"课题技术研讨会

2015年，ACL年会在中国北京举行，李生老师获终身成就奖，王海峰与李生的其他学生一同与老师合影留念

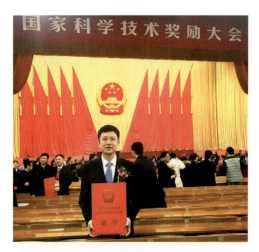

2016年1月8日，北京，获国家科技进步奖二等奖

2017年5月，北京，获首届全国创新争先奖，是互联网行业唯一获奖人

2018年11月,百度美研,和百度研究院的科学家在一起(后排穿蓝色格衬衫者为Ken Church)

2017年,乌镇,世界互联网大会人工智能分论坛,主持圆桌论坛

2018年4月,福州,在首届数字中国建设峰会上发表演讲

2018年7月,澳大利亚墨尔本,ACL年会,国际计算语言学协会亚太地区分会(The Asia-Pacific Chapter of Association for Computational Linguistics,AACL)成立,王海峰出任AACL创始主席

2018年12月,苏州,获首个吴文俊人工智能科学技术奖杰出贡献奖

2019年,乌镇,百度飞桨深度学习平台入选"世界互联网领先科技成果",王海峰代表百度发布百度飞桨最新成果

2019年10月1日,北京天安门,作为科技工作者代表参加国庆70周年阅兵观礼

序一

中国AI：
走在追求科学与真理的光明坦途上

我和海峰第一次相识是1993年在哈尔滨工业大学，那时候海峰即将进行本科毕业设计，进入我的实验室开始研究机器翻译。如今，海峰已经成为中国AI领域年轻一代的领军人物，而中国AI历经30余年的发展，面貌也已天翻地覆。

时间再往前追溯一点。20世纪80年代中期，我刚刚开始接触机器翻译，彼时中国的AI研究还是一个独立而贫瘠的孤岛。中国的研究者很难获取国际AI研究的一手资料，国外的研究者则对中国的AI研究知之甚少。在这种环境之下，中国的AI研究者为了能够获得足够的经费支持这一事业，在研究过程中极其注重技术的应用性和实用性，因而造就了中国AI在应用上的独特优势。中国的AI产业也因此得以不断续航，并在基础创新和应用能力的不断突破下，逐渐走向世界舞台，成为第四次工业革命的推动力。

这一历史发展的进程，海峰可谓是亲历者的代表——他的AI学术研究即始于那段相对贫瘠的历史时期。过去20多年里，他一直践行着哈工大"规格严格，功夫到家"的校训，锐意进取，积极创新，伴随着中国AI的发展进程成长，并为其做出了重要的贡献。当然，中国AI的发展壮大，不仅仅有一个王海峰在其中发挥作用；在中国AI的未来征途中，我们更需要无数个王海峰，帮助AI从学界走向工业界，从中国走向世界。

从1985年开始接触机器翻译研究到如今，我对中国AI未来的评价是四个字——大有希望。因为如今，中国社会从上到下都已经认识到，人工智能对我们经济发展和社会进步极其重要，20世纪八九十年代AI研究者寒窗冷灶的现象已经完全扭转。同时，现在各个高校——清华、北大、哈工大等，有的成立了人工智能的研究院，有的成立了人工智能的学院，从培养本科生、研究生开始进行人才储备工作，帮助中国AI储备了一批极具希望的未来之星。

现在中国AI需要做的，就是消除一些短视行为，不盲目沉迷于一时的收益，扎扎实实以科学的态度做科学的工作。在追求科学与真理的光明坦途上，中国AI还会走过无数个30年。

李 生　中国中文信息学会名誉理事长
　　　　哈尔滨工业大学原党委书记

序二

AI十年　创新同路

　　拿到本书书稿的时候，正是海峰加入百度的第十个年头，也是百度发力人工智能的第十年，往日种种，浮现眼前。

　　十年前，百度就已经认识到，人工智能将会成为照亮新时代的火种。十年里，百度率先利用人工智能技术优化搜索算法、搭建人工智能实验室、成立全球首个深度学习研究院、牵头筹建深度学习技术及应用国家工程实验室……时至今日，AI已经成为国家新一代科技战略的重要支点，百度也在努力成为中国AI的"头雁"。在这个过程中，"百度大脑"功不可没，它在语音、图像、自然语言处理、知识图谱、深度学习平台等AI技术领域，筑起了深度与广度兼容的技术格局，不仅成为百度AI的技术基石，也已成为各行各业产业智能化升级的基石。而这些成绩与影响的背后，是海峰与百度同学们所付出的青春与热血。

　　海峰是2010年1月加入百度的，从最早在自然语言处理部，到现在出任百度CTO（首席技术官），他见证了百度AI的成长。他是百度技术创新的引领者、驱动AI技术产业化的楷模、百度培养多年的技术领袖及优秀领导者。他为百度AI做出的贡献，为百度所有同学有目共睹。在国内外AI科学领域，海峰作为基础科学研究与产业结合的优秀代表，也是百度的一张"名片"，中国AI技术力量的一张"名片"。

而海峰身上所表现出的风清气正的人格魅力，也是百度内部多次提出要学习的。他在工作上兢兢业业，在学术上勇于开拓，秉承务实、自驱、负责到底的精神，是百度"简单可依赖"文化的优秀代表。

本书的缘起，是哈工大百年校庆之际，希望记录优秀学子离开哈工大之后的人生旅程。哈工大是国内计算机与人工智能领域的顶尖学府，在多个领域与百度展开了深度合作。海峰在产学领域的大量成就，得益于哈工大的培养与在百度的实践。他的精神品质，也体现着哈工大精神与百度文化的融合。未来，百度将持续致力与高等院校、学术机构的深度合作，推动AI时代产学一体化、人才培养、社会责任等领域持续发展，为实现"成为最懂用户，并能帮助人们成长的全球顶级高科技公司"的愿景而不断努力。而海峰作为践行彼此共同理想的优秀代表，也必将在这一领域继续发光发热。

这个时代的人们，有幸亲历中国人工智能产业的飞速发展。而本书的一大价值，在于它能够带领我们进入AI时代的背后，通过有血有肉的人与故事，去见证中国科技人才的钟灵毓秀、见证AI创新的步履铿锵、见证产业智能化的无远弗届。

希望立志于投身AI的青年朋友们，从海峰的故事里看到一种精神和方向。在滚滚如潮的AI时代，携手揽腕，为产业智能化的宏伟图景，为AI时代赋予的战略创新机遇，为人类共同期待的智能未来谱写出更加华美的乐章。

李彦宏　百度董事长兼首席执行官

引子

AI时代，
为什么要读王海峰？

这两年，大家可能会有这样一个感受：突然之间，人工智能出现在了我们身边的每一个角落，速度之快令人措手不及。

在今天的中国，无论你处在哪行哪业，应该都能感受到人工智能汹涌澎湃的力量。

从国家政策上看，2017年我国国务院印发了《新一代人工智能发展规划》，指明了人工智能作为国家战略的前进方向。到2019年3月，政府工作报告中已经连续三年提及人工智能产业发展，并且首次提出了"智能+"概念，强调人工智能与实体经济相结合。

而从经济发展趋势上看，根据麦肯锡发布的《人工智能前沿报告》，到2030年，大约70%的公司将至少采用一种AI技术。在未来十年中，AI将为全球经济贡献13万亿美元的直接价值，拉动全球GDP增长约16%。也就是说，按照这个比例计算，人工智能对世界经济的贡献，将大于历史上著名的蒸汽机。

难怪有很多人惊呼，人工智能正在带来人类历史上第四次工业革命。

如果我们觉得人工智能影响的都是遥远的大势，那可就大错特错了。仅仅以百度的人工智能能力为例，今天，在工厂，机器正在借助百度AI技术识别产品瑕疵；在农田，借助百度AI技术，农民可以精准估算农药使用量；在电信和银行系统，借助百度AI技术，智能客服正为无数用户解答问题；在公共场所，百度AI技术正在帮助人们维护一个健康的公共环境。

可以说，大到时代的经济发展与社会前进，小到一个人的工作生活，都受到了人工智能的影响。

然而问题也随之而来。对于大部分人来说，人工智能是一个仅在科幻文学与影视剧中出现的概念。抵达现实的人工智能，到底是怎么回事？

在今天想要"知其所以然"地理解人工智能，其实并不容易。

充满工程与技术名词的学术论文，对普通人来说阅读门槛显然太高；媒体上关于人工智能的名词每天都在变换，大家只能看到人工智能掀起一个个风口，却难以把握其背后的逻辑；甚至有些对人工智能的描述是基于对人工智能不切实际的想象，以及不负责任的吹捧或诋毁。

如何才能拨开重重"迷雾"，了解到人工智能在中国爆发背后，漫长时空线索里的前因后果？

达·芬奇在其科学手稿中说道，所谓科学的先见之明，是基于对某一事物变化过程的长期观察。

那么我们想要了解真正的人工智能，就必须回到最初，回到从事和研究这门技术的人，回到每一次技术进步背后有血有肉的故事中。

于是我们想到了，寻找一位在中国人工智能领域最具代表性的人。用他的经历、成长和思考，还原一段真正的中国人工智能学术史、教育史与应用史。

而对于广大非专业的读者来说，阅读人物传记又恰恰是最具亲和力的认知方式。在故事中我们会发现，人工智能领域的科学家和企业家，并不是科幻电影里的虚构角色，而是普通却又不凡的真实生命，恰如你我一样。

那么接下来的问题是，谁是最适合回顾中国数十年人工智能发展历程的人呢？幸好，我们找到了答案。

最终我们选择记录和阐释的，是中国著名AI科学家、百度CTO王海峰。

初读王海峰的履历，会发现很多个"第一"与"唯一"。

比如在20多年前，他是首位将如今天下闻名的神经网络技术，与机器翻译进行结合的中国学者。

同时，他也是全球NLP（自然语言处理）领域最具影响力的国际学术组织国际计算语言学协会（Association for Computational Linguistics，ACL）50多年历史上首位华人主席；中国智能科学技术最高奖——吴文俊人工智能科学技术奖，首个人工智能杰出贡献奖的唯一获奖者。

作为中国高科技公司的代表，百度这几年在人工智能领域大放异彩，而王海峰同时也是百度人工智能技术的奠基人和领航者，百度今天人工智能技术的主要负责人之一。

我们透过这些奖项和荣誉，会发现在本质上，王海峰是身兼几个身份的"翻译官"。

首先，他在人工智能学术体系中，主要从事机器翻译的研究，如何用智能打破语言的藩篱，是他的学术职责所在。

其次，从职业经历上看，王海峰的最大特点是横跨学术与产业界。他的工作是将实验室中的人工智能技术带进现实，使其通往各行各业和亿万用户。在这层含义上，他是AI技术从学术世界到现实世界的"翻译官"。

最后，王海峰还是中国人工智能学界的"世界名片"，无论是百度研究院院长，还是多重学术身份，都让他有了同一个身份：作为中国人工智能走向世界的"翻译官"。

三个"翻译官"的身份，让中国人工智能发展的几条重要线索交织在他的故事里。

从学术的线索上看，王海峰毕业于中国人工智能的学术重镇——哈尔滨工业大学。他所受到的教育与学脉传承，恰好就是中国20世纪90年代人工智能人才培养历史的缩影。

另一方面，博士毕业之后，王海峰始终致力于人工智能的重要方向之一——自然语言处理科学的前沿学术探索。人工智能近年的学科复兴，在其学术生涯中得到了完整展现。

而从产业的线索上看，王海峰与百度的努力，今天已经令全球数以亿计的用户体验到了人工智能的魅力。从奠基到推广，王海峰的视野与推动力深刻植根于百度人工智能技术与应用体系的方方面面。采访中，很多人工智能学者都评价说，王海峰是今天中国将人工智能学术与产业结合最紧密的科学家。

而从时间的线索上看，王海峰的学业与执业，恰好完整见证了中国人工智能30年历史的发展线索，始终没有离开人工智能的"前沿阵地"。

几条脉络的叠加与交汇，将会让我们看到一个完整的"AI人"，以及他背后关于AI从设想到现实、从实验室到亿万用户的春华秋实。

这就是我们为什么认为，在AI时代，更应该读王海峰这样的科学家与产业推动者的故事。

假如说，在金融时代，我们要读"股神"的故事；互联网时代，要读创业明星的传奇；那么在AI时代，或许我们应该沉静下来，去读一读技术信徒的勇气与坚持，在更深层的逻辑中理解技术照进现实的因果。

换言之，此刻我们应该读的，是踏踏实实深入AI世界深处的人与故事。

这样的人与故事，可能没有那么多传奇和戏剧性，却有着关于人工智能的真实经历，以及背后的个中滋味与探索者的心境。

让我们先来预告一下，您将在接下来的故事中读到什么：

一、首先我们会回到20世纪80年代末的哈尔滨，去重新发现哈工大在30多年前，如何传承和坚守并不热闹的人工智能教育与人才培养。其中不乏那一辈科学家的有趣故事。

二、从王海峰的个人执业经历，到百度人工智能时代的战略崛起，将引出我们要面对的第二个问题：这家在中国家喻户晓的企业，为何一跃成为人工智能时代的代表？背后多年的前瞻、酝酿和发展，到底是如何完成的？百度今天的人工智能布局背后，隐藏着中国科技产业在新时代怎样的机遇？同时我们也将向百度提问：普通人在今天应该如何与AI结合？

三、在执掌百度AI的同时，王海峰还是一名国际知名的人工智能科学家。从在国际赛场默默无闻，到世界顶级学术会议需要因中国春节而改期，中国AI学界的世界声量不是朝夕之功，它到底是如何被一步步打造出来的，这将是我们探索的第三个问题。

需要注意的是，为了让大众读者理解人工智能行业与学术世界的真相，我们将在每个章节中采取双线索叙事的方式，除了以王海峰的故事为主轴之外，我们还将以世界人工智能产学发展为另一条叙事线索，为大家普及人工智能知识，探索AI在真实历史中的发展轨迹。

我们希望这三个篇章，最终合流为这样一段历史：中国AI的30年探索。

一个人和一项技术，穿行于时间和空间，最终交汇于、盛放于一个在历史中或许并不平凡的时代。

而追溯这个旅程，我们希望能与大家带着全部的逻辑推演，一起去解答这样一个问题：

人工智能为什么会选择现在，选择中国？

目 录

第一编 雪国与阿童木：从哈工大走出的机器翻译科学家   1

1 / 羽翼与长空：从AI梦到求学之路

故事的开始，是一位热爱科幻、立志成为科学家的少年，走入了当时哈尔滨人梦寐以求的学府。对初入哈工大的王海峰来说，人工智能、自然语言处理、机器翻译，这些词语听上去陌生而艰深。他或许还不知道，自己之后要用数十年光阴去融入它们，温暖它们，甚至成为AI时代的一部分。

少年科学家，以及中国AI的黎明时代   5
品尝机器翻译的魔力：哈工大求学之路   10
神经网络+机器翻译的"首次中国之行"   16

2 / 从冰城到世界：在产业界探索机器翻译的应用价值

走出校门的哈工大学子们，在世纪之交将面临这样一个问题：AI技术究竟如何融入这个世界？从微软到东芝，王海峰用十年时间探索了机器翻译的产学结合之路。这期间，中国AI产业似乎也在安静地等待着什么。

走进微软，以及中国互联网产业的萌芽   25
七载东芝，以及学术道路的养成   30

3 / 故事背后，凝望哈工大的AI之路

很多人都以为，AI技术是一个近几年才出现的新技术、新风口。然而事实上，在几十年前的哈工大，已经有无数学子投身于让机器具备人类智慧的技术梦想，无数教师学者已经为这一领域奉献了一生。AI，从来未曾让中国等待太久。

探索者不朽：哈工大的NLP夙缘	35
新中国的智能梦：哈工大AI发展简史	40
"规格严格，功夫到家"：当哈工大文化遇到AI	45

第二编　将AI翻译到现实世界：百度AI崛起的亲历者与推动者　51

4 / 加入百度的缘起与思考

若干年之后，王海峰被百度称为"AI技术的奠基者和领导者"，而百度也凭借AI技术享誉全球。一个人与一家公司的相遇，很多时候充满了偶然。但王海峰走入百度，却让我们更多地看到了时代的必然性。AI技术的新一轮变革，在2010年悄然酝酿着。

最懂技术的互联网公司：为何选择加入百度？	55
他们共同审视未来：初入百度	59

5 / 在百度"种植"AI

任何技术都不会从天而降。一家企业对技术的发现、判断和培育，往往是一段艰辛却充满探险乐趣的旅程。走入百度之后，王海峰的第一个任务，是"种植"一种当时很多人根本无法理解的技术：人工智能。

AI在百度生根发芽："NLP铁军"的由来	65
透视未来交互：多媒体部的积累	71

| 中国人并未迟到：IDL与深度学习的晨曦 | 77 |
| 大技术时代的思考方式：技术平台化发生于百度 | 83 |

6 / 用AI重构搜索

今天，很少有中国人不知道搜索引擎。但是也很少有人知道，搜索引擎发展到今天都迈过了哪些障碍，翻过了多少崇山峻岭。2014年，移动时代风起云涌的当口，王海峰带着不轻的职责来到了新的岗位：他要用智能重构搜索。

润物无声：被AI改造过的搜索引擎	91
信息的另一种触达：百度信息流的诞生与成长	99
一声"小度小度"背后的机缘	103

7 / 黄金时代的AIG

2017年，无论从任何角度评论，都可以视作AI产业史上一次伟大的复兴。而这次AI复兴一个不同寻常的地方在于，中国不再是看客，而是变身为参与者和推动者。中国AI风起时，第一名冲出战阵的骑士，叫作百度。时钟悄然被拨快，旌旗冲天，战鼓骤鸣。

大AI时代的掌舵者	113
万物AI的萌芽：百度大脑的故事	119
AI时代的操作系统：飞桨航行记	125
科学家之间的惺惺相惜：百度研究院再出发	131
AI者联盟：智能纪元中的产业生态	137

8 / "决胜AI时代"的人与事

毫无疑问，一种技术的觉醒，不可能仅仅受益于业务与产品。在其背后，必然有更加深层次的推动力。这个篇章，我们希望走到王海峰与百度AI的背后，去看看那些支撑这次AI浪潮的文化、战略，以及当事人的思考。

| 百度的AI土壤 | 145 |

百度文化的践行者与守护者	150
"救火者"与AI的焕活力	156
百度CTO的任务与挑战	159
"云+AI":王海峰为产业智能时代准备的那杯茶	164
三个关键词,读取王海峰眼中的AI未来	169

第三编 让中国AI驶向全球:一位科学家的"翻译"之旅   175

9 / 从NLP到巴别塔之梦:王海峰的学术之路

在AI产业浪潮的平行线上,王海峰保持着一位学者的执着与热忱。从机器翻译开始,数十年间语言秘塔上回荡着探索的脚步声。让我们把故事跳转到最初,重新认识这位科学家的AI之旅。

| 羽翼初张:探寻学术之路 | 179 |
| 巴别塔通向天空:王海峰的学术贡献与成果 | 185 |

10 / 中国AI走向世界,中国AI走向未来

对于王海峰来说,他在产业界的任务,是将AI技术翻译给大众,翻译给产业。而他在学术界的任务,除了孜孜以求象牙塔顶的秘密,同时还要将中国AI的学术成果与学术精神翻译给世界,翻译给未来。从学术责任、学术交流到人才培养,中国AI的话语权绝非来自朝夕之功。

ACL首位华人主席	191
中国AI的一张世界名片	208
新一代人工智能战略的中坚力量	216
亲历者的AI沉思录	224

后记:三次翻译,三十年旅程,中国AI不是"奇迹"   231

第一编

雪国与阿童木：
从哈工大走出的机器翻译科学家

1

羽翼与长空：从AI梦到求学之路

故事的开始，是一位热爱科幻、立志成为科学家的少年，走入了当时哈尔滨人梦寐以求的学府。对初入哈工大的王海峰来说，人工智能、自然语言处理、机器翻译，这些词语听上去陌生而艰深。他或许还不知道，自己之后要用数十年光阴去融入它们，温暖它们，甚至成为AI时代的一部分。

少年科学家，以及中国AI的黎明时代

20世纪80年代的哈尔滨，有时会出现零下40摄氏度的天气，但做医生的母亲每天都会坐很长时间的公交车送王海峰去上学。

他当时就读的是哈尔滨市最好的小学之一——花园小学。清华大学工程物理系毕业、从事核物理研究的父亲，是王海峰最早的启蒙老师。

在这样的用心培养下，王海峰一直是别人眼中"别人家的孩子"。

从最好的小学毫无悬念地升入最好的中学，随后又如愿进入哈工大最热门的计算机专业。但少有人知道，这个"顺风顺水"的孩子心里，其实藏着一个"不切实际"的科幻梦。

1980年12月，央视引进了手冢治虫的经典动漫《铁臂阿童木》。那是第一部在中国电视台播放的日本动画片，当时口碑特别好。

阿童木这个来自21世纪、拥有十万马力、屁股可以当机关枪的小机器人，成了一代人童年遥远而亲密的伙伴。王海峰也不例外。

他毫不犹豫地投身计算机的世界，开始思考机器是否真的可以像人一样聪明。和很多小学同学一样，被问及未来的职业理想时，他高声说

出——成为科学家！

在王海峰已经实现了愿望的今天，他对于科学的爱好和憧憬仍然没有变过。即使已经成为百度CTO，王海峰在物质上也一直没有过太高的要求。在入职百度的很长一段时间内，他都开着一辆标致。除去有公开发言的重要场合，王海峰经常穿着百度在开会时用作伴手礼的各色T恤。对学术的钻研，足以令他的精神世界饱足。

在当年想成为一名优秀的科学家，要有天赋和兴趣，也需要有机会，特别是练手的机会。

20世纪80年代初，卡内基·梅隆大学已经为DEC公司制造出了专家系统，包括美国、日本在内的许多国家都投入巨资开发所谓的第五代计算机，当时叫人工智能计算机。

而那时中国大陆的家庭生活中别说电脑，连电子计算器都是个稀奇物件。直到20世纪80年代末，才出现了名为"286"的微型台式电脑，价格却贵得要命，即使是大陆自攒的拼装货，往往也得五六千元。而当时，"万元户"还是稀缺的存在，一位小学教师一个月的工资也只有60元左右。

但是，中国人追赶现代科技的决心却不可小觑。1984年以后，学电脑迅速在中国大陆成为一种新风尚。当时，涌现出了不少"电脑班"，中华学习机投入生产，"计算机"更是成为理工科大学里最热门的专业，有实力的院校也都建设了计算机房，来普及计算机知识。

也是从那时起，正在哈尔滨第三中学读高中的王海峰，开始真正接触计算机。他学会了打字、文档处理、Basic编程等基本的电脑操作，为以后的计算机生涯做好了基础的知识和技能储备。

高二那年，整个黑龙江省只有15人顺利进入了全国物理竞赛的决赛，王海峰是其中之一。

决赛的实验场地被设在哈工大实验楼里，那是他第一次踏进哈工大的实验室，也是头一回真切感受到哈工大人的治学精神。

王海峰回忆，决赛时他正在进行一组物理实验，需要用螺旋测微仪测量出数值，再推进后续的实验步骤。这原本是一个最简单不过的操作，但实验室的老师走到他身边，观察了一阵子之后突然问道："你知不知道什么是回程误差？"王海峰当时就蒙了。

"回程误差"，指的是在相同条件下，被测量的物体不变，但计量器因为测量完成后会发生位移和来回运动，从理论上讲，指示值与被测量值之间会出现非常微小的误差。在实验过程中，需要在每次测量器改变方向时都进行回零，才能消除回程误差对结果可能产生的影响。

如此高精度的要求，对于当时刚刚迈进科学实验大门的高中生来说，是有些苛刻的。

但这也让王海峰切身体会到了哈工大工程师文化传承下来的精神资产，它们后来演变成了哈工大的校训——"规格严格，功夫到家"。

中国土生土长的治学理念带来的冲击，让王海峰在填报高考志愿时，几乎没有犹豫就选择了哈尔滨工业大学计算机系。

即将踏进计算机大门的王海峰，享受着高中时代最后一个暑假。而在此刻，日后将与王海峰的人生紧紧缠裹在一起的那个词——人工智能，在中国却还沉浸在一片冷寂与哑然中。

1950年，图灵发表了一篇划时代的论文——《计算机器与智能》，提出了著名的图灵测试：如果机器能在5分钟内回答人类提出的问题，并有超过30%被判断为是人类所答，就可以判断该机器具有智能。

此后的30年，一批批探索者前赴后继地探索着机器智能的边界。直到20世纪80年代初，专家系统、多层神经网络、BP反向传播算法等的出现，大幅度提高了机器处理复杂问题的能力。于是，业界普遍认为，高度智能的计算机还是可能存在的。

王海峰的科学梦起源于"阿童木"，就代表了当时整个社会对21世纪后人工智能的美好想象。

但是幻梦并没有持续太久。1987至1993年，IBM的个人PC正式问世，苹果开始推广第一代台式机。当PC开始在发达国家普通家庭中普及的时候，当时人工智能硬件的代表——专为Lisp语言量身打造、能够处理系统函数运算的大型计算机Lisp Machine迅速黯然失色，从先进技术的代名词变成了人们眼中的"废物"。

很多高校买入了昂贵的Lisp Machine，却发现用它们做不出智能，Lisp机器硬件销售市场开始严重崩溃。专家系统和机器翻译等相关计算机技术也被指责难度太大，没有什么实用的成果，产出极低。

于是，政府经费开始收缩，研究项目陆续冻结，多米诺骨牌效应之下，学界迎来了历史上著名的"第二次人工智能寒冬"。

而在国内，人工智能概念虽然在20世纪50年代就被引进、被发展，但如果在当时有人说，中国将有几亿人每天都用到人工智能，听上去无异于痴人说梦。

受"第二次人工智能寒冬"的影响，中国的人工智能研究也不可避免地陷入了数年的低谷。一大批计算机项目都以"缺少研究经费"为由停掉了。相关科研队伍陆续解散，有的下海经商，有的回高校教书，更有甚者竟然被调去看机房。但科学家的脚步并未因冬天的到来而终止，今天各行各业都在收获的AI果实，很大程度上就源自于一批中国学者在"寒冬期"埋下的"种子"。

过去的30年间，人工智能技术的变迁幅度之大，常常令中国学者与产业人士们感慨万千。当我们想要叩问中国人工智能产业30年激荡的源头时，发现一切或许可以从一个热爱科学的高中生跨入哈工大校门的那天开始说起。

品尝机器翻译的魔力：哈工大求学之路

2018年7月，《中国人工智能发展报告2018》在清华大学发布，数据显示，哈工大以189篇AI领域高影响力论文成为产出最多的中国机构TOP2，在全球人工智能科研院校中以11 675篇位列第六。

相信即使是王海峰本人，在第一天踏入哈工大校门时，也从未想到过这一景象。

就拿"AI人才输出贡献"这一数据来说，与哈工大一起排进列表前五的，还有北京邮电大学、中国科学院、中国科学技术大学和浙江大学。在这个名单中，哈工大是少有的远离经济发达圈的高校，相比位于激荡着创业理想的北京与杭州的其他高校，位于哈尔滨的哈工大显得略有一些寂寞。或许也是由于这个原因，哈工大一直保留着"规格严格，功夫到家"这一句看似与时代有些脱节的校训。严格、严谨、踏实，这些在浮躁世界不那么讨好的标签，被哈工大人一代又一代地传承下来，最终帮助他们带领中国的AI尤其是NLP技术走向世界。

所谓NLP，即是让计算机与人类之间使用自然语言实现有效沟通，需要向语言理解和语言生成两个方向进行突破。其中除了计算机科学以外，还需要大量语言学、数学方面的跨学科支持。

1989年，怀揣着科学梦想的王海峰进入了哈工大的"89322班"，89意味着89级，3代表着计算机系，22则代表着硬件二班。在这一串数字之中，王海峰开始与NLP结缘。

后来王海峰身上所展现的很多特质，其实在哈工大就读期间就已经能找到踪迹。根据几位同窗回忆，王海峰身上有很多非常"哈工大"的地方。比如当年学生们在实验室中得以接触到286型号的老式计算机，游戏就成了一种很常见的娱乐方式，相比当时更为流行的格斗、赛车等等有强烈感官刺激的游戏，王海峰更喜欢招兵买马、排列布阵的策略型游戏，享受动脑的乐趣。又比如他自律到了同窗口中"收放自如"的地步，可能上一秒还在和大家一起笑闹玩耍，下一秒意识到自己需要学习了，就能立刻停下手头的事抄起书本。

大概就是因为这样的个性，和对于AI一直以来的向往，王海峰在大四做毕业设计时来到了时任校党委副书记的李生教授的实验室。在那里，王海峰以机器翻译为媒介，真正与NLP相遇了。

机器翻译的概念并不复杂，指的是利用计算机将一种自然语言翻译成另一种自然语言，但复杂的是其中的方法。从通过建立大量规则集将两种语言中的句法和词汇一一对应，到利用统计方法对平行语料进行分析构建模型，再到今天应用神经网络，通过语义理解实现更高效精准的机器翻译，王海峰基本经历了整个过程。

在王海峰刚刚入学时，李生教授带领的团队所研制的汉英机器翻译系统CEMT-Ⅰ，就已经成为我国第一个通过技术鉴定的汉英机器翻译系统。研发这项技术的主要目的，是为了翻译进出口电子仪器设备时厚厚的一沓说明书。

1993年，在王海峰进入李生教授的实验室时，CEMT系统已经进化到第三代，也早已投入实际应用获得了不少好评。李生教授交给王海峰的任务，是对CEMT-Ⅲ进行优化，并定下了三个目标：一是提升系统的运行效率；二是整合源代码使其易修改；三是使整个系统易维护。整个优化过程，其实也是希望王海峰能够对机器翻译有一个整体的理解。

也就是说，虽然当时在很多人眼中NLP还是遥不可及的镜花水月，但王海峰所接触的第一个项目，就是完全属于应用性质、真刀真枪直面用户的。这一点对于王海峰后来的学术研究，包括后来在百度工作，无形中都有着莫大的影响。

回忆起王海峰当时对CEMT-Ⅲ的优化，李生教授至今仍然感慨于他在这项看似发挥空间不大的工作中展露出的能力与天分。王海峰善于化繁为简，将CEMT-Ⅲ的源代码进行了模块化处理，又在模块之间彼此建立关联，方便在修改代码和系统维护时缩小范围，进而提升效率。同时王海峰在完成工作时非常高效，得到任务立刻就会自己将目标按照实现流程拆解成几个部分，并建立好相关的时间表。

如今看来，这似乎是我们在工作中很常见的目标分解手段。可在二十几年前，当那些舶来的"自我管理方法论"还没有进入中国时，一位尚未离开校园的学生有着如此的自我规划能力，其实已经为王海峰的今天乃至中国NLP发展的今天做出预言。

在李生教授的认可之下，王海峰开始以CEMT-Ⅲ为契机推开NLP宝库的大门，虽然这一领域在当时远不及今天热闹，甚至不被很多人看好。今天再来回顾，王海峰与NLP的结缘虽然谈不上无心闯入，却也是历史选择与个人选择的共同作用。

党中央和国务院在对世界科技飞速发展的灵敏感知下，推动开展了高技术研究发展计划，因为这项政策的确定是在1986年3月，因此它另一个更广为人知的名字叫"863计划"。

863计划旨在提高中国的自主创新能力，以前沿技术研究发展为重点，统筹部署高技术的集成应用和产业化示范，利用技术发展抢占未来先机。

其中汉英双向机器翻译，又称BT863，就是计划中的项目之一。除了哈工大以外，863计划还委托东北大学、厦门大学、国防科技大学和浙江大学四所高校进行竞争评选。

继CEMT-Ⅲ之后，BT863是王海峰在哈工大期间参与的另一项重要项目。当时正在读研究生的王海峰，在BT863的汉译英方向做规则知识库的建构，以及计算机软件等方面的准备。

虽然当时实验室一年的经费只有十几万元，一间二十几平方米的房间密布着几台电脑，但在当时已经属于条件优异了。王海峰也深知这种条件得来不易，几乎扎根在实验室里，和师兄弟以及导师一起为BT863忙得日夜颠倒。当时与王海峰所在团队合作的王亚东教授还记得，王海峰热爱实验室，与实验室的同学和教师的关系非常融洽，在实验室中承担了很多公共事务，动手能力很强，例如，实验室网络、设备的维护以及相关软件的安装等。因为当时条件艰苦，实验室内的网络都是学生自己建设、安装的，计算机等设备的升级也是同学们自己购买部件、自己安装升级的，总体的工作量较大，有一位对这方面擅长并且乐于为大家服务的学生对整个实验室的工作都是非常大的支持。

1995年，到了BT863进行最终测评的时候，王海峰取下了装着整个系统的硬盘，小心翼翼地用纸包好，和同学、导师们一起坐上了前往北京的列车。

在测试过程中，哈工大的BT863在汉译英部分获得了全国第一。当时是在一分钟左右完成了对200句话的翻译。

在今天来看，这种速度几乎不值一提，更何况整个程序还要装在一块沉甸甸的硬盘里。但当时，这一成绩给了王海峰和其他哈工大人很大的鼓舞。以至于准备硕士论文期间，王海峰也选择了面向实例、基于模式的机器翻译作为课题，那时这一课题从国内学术进度来说还相对前卫。王海峰的研究，从一定程度上讲是在填补空白。

在那个NLP艰难前行的年代，坚守者们就是这样借着一点曙光摸索着前进。

对比过去与当下，2017年的一件趣事是个很好的例子。在2017年初，原定于在当年1月举办的AI界的顶级会议人工智能协会（AAAI）年度会议，由于撞上了中国的春节改期到了2月。

这一桩新闻，也从侧面证实了如今中国之于人工智能学术界的地位。数据显示在2017年的AAAI上，有40%的论文作者是中国籍。如果这些人都回家过年，这场会议的确无法顺利举行。

在今天，我们很难想象当年哈工大的NLP事业，艰难到差点被一本偶然得来的外文书改变了发展轨迹。

根据哈工大人工智能研究院副院长刘挺回忆，那一年他刚刚读研，导师王开铸为学生们从国外带来了一本译名为《计算机不能做什么》的书，里面就提到了当时在中国还相对荒芜的NLP技术。

刘挺回忆，当时很多师兄弟看过这本书之后，都决定不再做自然语言处理方向，而是选择一些类似于软件工程这样更看得见摸得着的东西。

"因为实在太难了。"

从1985年开始,以李生教授、王开铸教授为首的哈工大教师开始着手从英汉和俄汉两个方向研究机器翻译。

但当我们把目光投到世界范围内,会发现1947年美国就率先提出机器翻译这一概念,20世纪60年代欧美地区已经进行过大规模探索,但因为当时人们错估了自然语言的复杂性,理论和技术均不成熟。翻译出来的结果大多只是对单词和短语的逐词翻译,即使不考虑速度,翻译结果往往也是上下文不通顺。

等到20世纪80年代至90年代,随着语料库累积、辞典编制等基础工作的进一步完成,学术界准备好了对NLP进行下一次冲刺。

哈工大虽然在这时加入了冲刺队伍,但当时大部分企业并没有认识到机器翻译的价值,学术界很难从真实场景中找到有价值的课题,很难得到课题资金方面的赞助去招揽人才。大多数学生就像当时看到《计算机不能做什么》的人一样,因这项技术的困难程度而望而却步。

但那些留下来的人,王海峰、刘挺、周明……在今天正在成为NLP世界范围内的中流砥柱。

神经网络+机器翻译的"首次中国之行"

在2018年10月,百度推出了具备预测能力和可控延迟的即时机器翻译系统,当时《麻省理工科技评论》《科技纵览》等外媒评论,称这一即时机器翻译系统在准确率和效率上,都已经可以比肩人类同声传译。

从当年一分钟翻译200句话的BT863,到如今能够将同声传译这种要求最苛刻的翻译工作作为目标,机器翻译技术可以说是在20多年间实现了飞跃式的发展。

带来这种变化的,除了计算能力的提升以外,很大一部分原因在于,如今机器翻译已经度过了利用规则和统计学的两个阶段,开始进入了对神经网络技术的应用阶段——一种通过模拟人脑的神经网络,以分层的模式对信息进行学习、识别和决策的技术。

在今天的人工智能产业之中,神经网络已经成为最重要的技术。而在1995年,机器翻译与神经网络在中国的初次相遇,也是在哈工大发生的。

在20世纪90年代，本科毕业就意味着一份有保障的工作，硕士毕业更意味着衣锦还乡。尤其在当时NLP领域并不如今天这般烈火烹油，对于很多人来说，在学术上"一条路走到黑"并不是最好的选择，最起码不是立刻能获得收益的选择。

但校友佟冬提道，对于王海峰来说，从本科到硕士，从硕士到博士，似乎是一条设定好了的道路。不管是王海峰对于NLP领域的强烈兴趣，还是他在本科、硕士期间展示出的科研能力，都注定了他会在学术道路上继续攀登。

1996年，王海峰开始在哈工大攻读博士，由李生教授和时任哈工大校长助理的高文（现为中国工程院院士）共同培养。

现如今回忆起对王海峰的培养经验时，李生教授用"授之以渔"四个字作为总结，即整理好当前课题的成果与不足，将空间留给学生自己去钻研思考。这种模式在今天看来并不新鲜，可要知道在学术风气相对保守的20世纪90年代，导师制定好明确的命题交由博士生严格执行才是常态。"授之以渔"模式考验的，一是导师对学生的了解和信任，二是学生自己的自主学习能力。

这一点恰好也是王海峰的一个重要特质。在本科和硕士期间，在BT863和CEMT-Ⅲ两个项目的参与过程中，王海峰对于基于规则的机器翻译技术和基于统计的机器翻译技术都有所涉猎。在博士期间他开始思考，自己能否去尝试一些更新的东西。

如果说李生教授的培养模式促生了王海峰对于学术创新的大胆追求，那么高文院士则是在王海峰不断追求创新的道路上提供了燃料助力。

1996年，高文就任于国家智能计算机研究中心与摩托罗拉共同设立的先进人机通信技术联合实验室（JDL），王海峰作为博士生也一起来到了北京。

在20世纪90年代，北京与哈尔滨之间的学术环境差异非常明显。当时王海峰对于JDL的第一印象，就是网速很快，可以下载资料，还方便打印。要知道当时的学生想要获知海外的研究成果，往往需要坐火车到北京，在国家图书馆中复印期刊，而那些期刊往往又都来自几年之前。能上网、能下载、能打印对于一位博士生来说，就已经是极好的硬件条件了。

同时，这种携手外企巨头，横跨国家、连通校企的合作模式在当时是十分罕有的。加之高文此前在美国卡内基·梅隆大学机器人研究所和美国麻省理工学院人工智能实验室都进行过访学工作，王海峰在JDL实验室与高文的学习与共事，也从另外一种更独特的角度开拓了他的国际视野。

同时也是从那时开始，摩托罗拉和科研机构的产学联合模式让王海峰第一次和产业界的真实需求有了亲密接触。他了解到产业界要什么、能做什么、在做什么。这种学术和产业的综合视角，一直影响着王海峰本人，并且由王海峰将这种影响带到企业和很多学术组织中去。

在本科和硕士期间，王海峰就已经开始认识到神经网络这种参照人脑认知模式的计算方法。等到了博士期间，王海峰发现在海外，例如卡内基·梅隆大学，已经开始有人将神经网络应用到语音处理之中。

不过当时应用更广的是多层的前馈神经网络（BP神经网络），但BP神经网络的一个致命缺点，就是不能对上下文进行有效建模，在执行机器翻译这种需要联系上下文语境的任务时，就很困难。加之高文曾经激励他，在学术道路的追求上，应当坚定机器翻译这个方向，并且在博士培养期间，给了王海峰很大的自由度。

就此王海峰便在机器翻译上开始了创新之旅，他的创新举措在于，将循环神经网络的方法引入了机器翻译领域，通过对神经单元的循环反馈使用让神经网络拥有"记忆"，在记忆模式下进行运算，就能结合语境和上下文进行结果的预测。其实一开始在进行相关尝试时，王海峰并不知道是否会有结果，但他还是坚持进行尝试。在哈工大任教的王亚东教授回忆，当时机器翻译主流的网络是BP网络，但无法解决语言中的上下文问题，王海峰经过长期的钻研，提出了在BP网络基础上增加一个循环层链接，形成循环神经网络（Recurrent Neural Network，RNN），来反映上下文关系，取得了很好的效果。那个年代，这个想法在国际上也属超前。

对于学术的追求和平日里的行事风格，综合成了高文院士对于王海峰的印象，高文院士提道，王海峰是属于一件事往里钻得很深的人，并且钻得专注，以至于对其他事不管不顾，甚至到了需要"被往回拉一拉"的地步。也正是这种"钻劲"，让王海峰走通了这条路。

博士期间，王海峰根据对循环神经网络的应用，发表了《基于神经网络的汉语口语言语行为分析》《基于神经网络的汉语口语多义选择》等数篇论文。

在当时即使从世界范围来看，将循环神经网络引入机器翻译领域也不算常见，在国内更是首创。中国机器翻译，从规则、统计方法时期的一路跟随，发展到在神经网络时期向无人之地迈出了第一步。

李生教授曾经给予王海峰两个评价：一个是有"闯心"，另一个是有"创造力"。在率先将神经网络引入中国机器翻译领域的过程中，这两个关键词在王海峰身上展现得淋漓尽致。

在这里，我们不妨回顾一下神经网络技术在中国整体的发展脉络。

和很多技术一样，神经网络也经历过数次萌生、萧条又兴盛的轮回过程。在20世纪40年代，美国开始有学者尝试对生物神经元的认知方式进行数学性的描述，第一次提出了神经网络的概念。等到50年代末，开始有人将神经网络的概念工程化，提出了可以学习和自我组织的"感知机概念"。可感知机并不能像人们想象中那样，模仿人脑的运作方式解决问题，甚至研发者自己都承认，神经网络能够解决的问题有限，如果增加神经元层数或许可以提升问题处理能力，但训练和学习的过程又会增加困难。

至此，有关神经网络的研究一度陷入低谷。直到20世纪80年代，随着计算机基础能力的提升，来自加州理工学院的Hopfield重启了对神经网络模型的研究，增加了神经网络的层数，提出了能解决很多实际问题的BP神经网络，才使得神经网络再次走入人们的视野。

也是在这一阶段，中国学者开始意识到神经网络的价值。

在20世纪90年代初，中国学术界仍然将神经网络看作一种"纯数学"的计算方法，发布的相关研究成果，也大多停留于控制领域和自动化领域。例如用神经网络进行控制领域的系统辨识，或是利用神经网络来预测油田产油量等等。

王海峰和哈工大将神经网络应用于机器翻译领域，是中国第一次利用神经网络解决机器翻译这样的跨学科问题，使神经网络算法脱离了相对简洁的数学问题环境，投入更复杂却也更具价值的现实问题场景中来。

我们不难推测为什么王海峰成为神经网络+机器翻译的第一人，在当时基于统计和规则的机器翻译已经开始投入商业化应用，人们理所当然地认为，机器翻译想要发展，就需要不断扩大词典库、不断累积句法规则数据、不断加大硬盘容量和算力……而如何应对平行语料不充足的双语互译，似乎是一个相当遥远的问题。

今天的结果告诉我们，一项技术带来的效率提升，会使整个社会的技术需求呈指数级暴涨。如同当中英双语可以进行高效的机器翻译时，我们便会开始对中日、中德、中法等语言的机器翻译产生强烈需求。这时如果没有一种能够高效复制拓展的技术模式，机器翻译的整体价值便会产生折损。

神经网络之于机器翻译的应用，其最大的价值在于"远视"，只有预想到了未来社会将对机器翻译的应用要求更加苛刻，预想到了机器翻译会进入更多语料稀少的小语种中，才能意识到神经网络机器翻译会比看似成熟的统计机器翻译更有前景。高文院士回忆起王海峰的学术选择时也提道，在一开始他就认为王海峰对于机器翻译的学术方法选择是正确的，如今随着机器翻译需求越来越旺盛，以往主流之外的方法论成为主流，更是一次次验证了王海峰的选择。

创新永远看似偶然，却从未来自偶然。它来自博闻、远见与坚持。

从冰城到世界：在产业界探索机器翻译的应用价值

走出校门的哈工大学子们，在世纪之交将面临这样一个问题：AI技术究竟如何融入这个世界？从微软到东芝，王海峰用十年时间探索了机器翻译的产学结合之路。这期间，中国AI产业似乎也在安静地等待着什么。

走进微软,以及中国互联网产业的萌芽

> 我希望电脑能像人一样,看懂和听懂外面的世界,并像人一样进行思考和推理。
>
> ——比尔·盖茨

1991年,还是一家小公司的微软,在美国"破天荒"地成立了一家以基础科学研究为使命的研究机构——这就是后来世界闻名的微软研究院。

1998年,在千禧年到来两年之前,中国迎来计算机黄金时代与互联网产业爆发的前夜,刚刚从美国来到北京的李开复,在中关村知春路上的希格玛大厦建立了微软中国研究院。两年后,其更名为微软亚洲研究院并沿用至今——这个地方,被称为中国互联网的"黄埔军校"。

1999年,王海峰在这里迎来了毕业后的第一份工作。

对于互联网、人工智能、计算机这些领域来说,王海峰加入微软中

国研究院的那段时间,是名副其实的风云际会。一家以计算机技术闻名世界的公司,开始在中国建立面向前沿学术人才的企业窗口。对于很多立志于用计算机技术切实改变这个世界的年轻人来说,这在当时是最好的机会,夸张一点说,甚至是短时间内唯一的机会。

而王海峰抓住了这个机会,也是一段颇令人喜闻乐见的"传奇故事"。直到今天,在哈工大计算机系,都还流传着一段"三秀才进微软"的故事。

1999年3月,刚刚博士毕业的王海峰,迎来了很多人都会面临的人生抉择:如何选择职业方向?

客观来说,留在大学任教,是当时王海峰和同学们更加普遍的选择。而当时王海峰在做出决定的时候却受到了另一个念头的影响,他想让自己研究的技术有用,并且被很多人用到。

在王海峰博士毕业之前,李开复曾经到哈工大演讲,跟王海峰进行了一场今天回头来看,对中国AI产业影响颇为深远的"简单对话"。被李开复问及毕业后的打算,王海峰回答说:"我搞了这么多年研究,我希望研究的东西有用。"

李开复马上提议他应该来微软,因为微软的Windows、Office等产品全世界都在用。另一方面,王海峰对于学术研究同样执着,而想要同时兼顾学术道路与产业应用,当时的微软中国研究院似乎就是"注定"的那个选择。

然而对于很多人来说,微软在当时还是遥不可及的梦想。

刚刚开始面向社会求取贤才的微软中国研究院,在1999年迎来了两千多位博士生前来报考。而最后仅仅录取了27人,竞争之激烈可见一斑。

然而一时间传为美谈的是，王海峰所在的哈工大自然语言处理方向，一次居然有同一个实验室的三个年轻人顺利加入了微软。

今天在哈尔滨工业大学任教的刘挺，与在北京语言大学任教的荀恩东，和王海峰一样，都是今天中国人工智能研究领域的代表人物。而当年，这三位同学一起"闯入"微软，是一件《黑龙江日报》都来报道的"大新闻"。

当时微软中国研究院的面试规则非常严苛，一天之内要面试九次。任何一位面试官都可以直接淘汰面试者，就这样一关关地闯，最后来自哈工大的三个人都顺利留到了最后。

荀恩东回忆，他们仨当时还给李开复出了一道"难题"。据说，当时李开复问负责面试的老师，这三个人怎么样。老师认为王海峰特别聪明，题做得最好，回答问题也非常不错。比如有一道考题，是说有13个球，其中有一个球跟别的球不一样重，如何用一个没有刻度的天平只称三次找出这个不同的球。在来考试的所有考生中，王海峰是唯一一位做出这道题的。刘挺的特点则是口才好，考虑事情周全，具有很强的管理能力，情商也非常高。而荀恩东则动手能力强，善于实际做事和解决问题。

李开复在三人间非常为难，难以取舍，最后干脆决定：一同录取。

后来的微软亚洲研究院，之所以有"中国互联网的黄埔军校"之美誉，很大程度在于它的存在，率先把国际化的计算机产业讯息和全球学术视野带到了中国。对于王海峰来说，这一点同样重要。在微软的日子，不仅让他体会到了把学术研究带到产业界、应用领域到底是一种怎样的体验，同时跟世界级专家学者的交流，参与顶级学术活动，也极大拓宽了他的眼界。

1999年，王海峰刚刚加入微软中国研究院的时候，研究院只有李开复、张亚勤、沈向洋等十几个人。在自然语言处理方向，则只有如今在沈阳航空航天大学任教的蔡东风教授一人。

王海峰加入一个多月后，荀恩东、刘挺，以及中国自然语言处理领域的先驱、当时已年逾六旬的黄昌宁教授也先后加入了微软中国研究院。可谓中国自然语言处理技术产业化路上，一个熠熠生辉的片段。

此后，刚刚建立的微软中国研究院经历了快速的人员流动。半年之后，王海峰就转组开始从事搜索的研究。又过了半年，由于微软总部叫停了搜索项目，王海峰也就萌生了离开微软的想法。

这在当时非常正常。微软的"突然闯入"，不吝于给无数计算机领域的年轻科学家打开一扇新的大门。而随着产业的发展和研究院本身的不断调整，大家也自然开始思考接下来如何规划学术轨迹和职业生涯。有些人离开微软回归了象牙塔，也有些人进一步探索产业界。而微软中国研究院带来的创新精神、产学一体化思路和国际视野，确确实实冲击了这些年轻人的世界观，让他们披上了一层新的战甲，投向即将汹涌而至的中国互联网黄金时代。

王海峰回忆说，自己在微软中国研究院一共工作了15个月，最重要的是见识到了学术界以外，产业界如何思考问题、解决问题。这对于此后他始终坚持走在产业一线，投身人工智能的产业化进程至关重要。

而另一方面，微软中国研究院对学术的重视和对世界学术规则的熟稔，也成为王海峰打开学术视野的窗口。在刚刚加入微软的时候，王海峰直接跟李开复做语言模型的研究。当时王海峰与同事合力完成了微软中国研究院第一篇从零开始的论文。至今王海峰还保留着当时李开复亲笔为他修改的论文。

回头看看，不难发现微软中国研究院是一个特殊时期的融合体。它既包容了硅谷的自由、开放、平等的科技精神，同时也带有微软对前沿科学的独特价值观。而当王海峰这些中国研究者走进来，一种新的文化精神也随之酝酿。刘挺回忆说，当时微软中国这边都是穷学生，像他们三个从东北杀出来、热血沸腾的年轻人，跟美国同行的工作方式完全不同。

正是这股中国热血和世界主义的融合，使得近7 000名微软亚洲研究院"院友"中，有200多位执教世界顶级高校，超过20位在中国互联网企业担任高级职位，范围几乎覆盖所有中国顶级互联网企业。而王海峰与李开复、张亚勤、张宏江、王坚这些名字一道，让微软亚洲研究院成为中国互联网之渊薮，一个生机勃发时代的萌芽。

而刚刚离开微软的王海峰，可能还没有看到这些波澜壮阔的故事，他的下一站，是去香港创业，以及随后七年的东芝生涯。

七载东芝，以及学术道路的养成

2000年的时候，互联网产业开始升温，敏锐判断出方向的王海峰，决定投入互联网创业大潮。恰在那时，香港特区政府推出了"优秀人才计划"，王海峰成为最早被该计划遴选至香港的优秀人才之一，加入了一家名为isilk.com的公司。

有意思的是，今天王海峰以百度AI带头人的身份广为人知。而当时这家公司恰好与同时期的百度一样，也是以搜索为主要业务。isilk.com主要的商业模式，是为美国市场提供企业内部网络的搜索服务。而在美国经历"911"之后，互联网开始降温，王海峰决定回内地工作。

当时与王海峰一道前往香港的荀恩东回忆说，在香港的这段时间里，王海峰不仅承受了创业公司的巨大压力，同时也承受了第一次远离家乡所带来的寂寞和孤独。而这时的磨炼，不仅让王海峰开始适应作为团队管理者的角色，也培养了他执掌更大团队与业务必须具备的抗压能力。

回到内地，王海峰选择加盟了刚刚建立的东芝中国研究开发中心，开始了七年的东芝生涯。

由于在王海峰加盟时,东芝中国研究开发中心刚刚建立,王海峰作为三名核心成员之一,参与了东芝中国研究开发中心的几乎全部创建工作。

在东芝这段时间,王海峰有较多的时间投入科研工作,进行了深入广泛的基础研究积累,研究成果被应用于东芝的众多产品中。当时的应用之一,是东芝的车载芯片。有趣的是,2019年7月的百度AI开发者大会上,王海峰发布了语音芯片百度鸿鹄,而早在2002年的时候,王海峰团队就已经开始投入语音芯片的研发。当然,相隔十几年的两款芯片背后的技术已经完全不同。

王海峰的多位朋友与同事,在回顾他的这段职业经历时,帮我们一起把他的成长与收获归结成三点:

一、在东芝开始独立负责团队,王海峰积累了管理方面的经验,锻炼了管理、技术、学术多线条事务同时处理的能力。在当时,王海峰成为中国员工在东芝的代表,这让他不仅需要将注意力集中在产学层面,还需要关注大量企业经营管理方面的事务。某种程度上来说,这些因素帮助王海峰从一名科学家,蜕变为一名集科学家与企业家特质于一身的综合型人才。

二、日本企业的严谨务实态度,也在很大程度上影响了王海峰的职业习惯。追求极致、做事严谨的风格,让王海峰此后在强调快速高效的互联网产业中,能够准确找到某种平衡。

三、很多朋友与同事都认为,东芝时期奠定了王海峰的学术道路与学术风格的基础。这段时间里,他不仅有比较好的平台,发表了大量的学术成果,同时也开始积极参与全球自然语言处理领域的学术活动。此后王海峰成为自然语言处理领域顶级学术会议ACL首位华人主席，缘起就来自他在东芝时期发表了第一篇ACL论文，此后不断有学术成果登陆ACL。客观来说，王海峰在当时不断取得NLP领域的学术突破，直接提升了东芝的自然语言处理学术水准，其影响直至今日。

同时我们也注意到，很多师友在评价王海峰这一段经历时，认为当时的他多少有些"学术上曲高和寡的孤独"。当时东芝为王海峰提供了良好的科研环境，但是由于业务环境所限，强烈关注自己科研成果能否被广泛应用的王海峰，逐渐发现平台所提供的支撑渐有不足。在东芝的平台中，从科研到用户应用需要跨越太长的路径。

于是王海峰意识到，想要拥抱更广泛的应用场景，必须具备更多的数据，更大的实验平台、应用平台。而这些条件，非常明显蕴藏在冉冉兴起的互联网行业。

于是，中国AI产业中一次值得回味的邂逅发生了。但在此之前，我们可以先把目光向回转，了解一下孕育了无数AI火种的哈工大。

3

故事背后，凝望哈工大的AI之路

很多人都以为，AI技术是一个近几年才出现的新技术、新风口。然而事实上，在几十年前的哈工大，已经有无数学子投身于让机器具备人类智慧的技术梦想，无数教师学者已经为这一领域奉献了一生。AI，从来未曾让中国等待太久。

探索者不朽：哈工大的NLP夙缘

> 规格严格，功夫到家
> 求实创新，探索进取
> 诲人不倦，甘为人梯
> 追求真理，坦诚待人
> ——光熙精神

如今，计算机领域的许多科技进步都围绕着人工智能展开，应用创新也如雨后春笋破土而出。以高文、王海峰等为代表的一批中国学者，成为AI各领域的执牛耳者。当我们将时间倒回到他们在哈工大求学的日子，或许能够更清晰地看到中国NLP从星星之火到燎原之势的整个过程。

1956年，电子计算机在世界范围内都还是个新生事物。而此时的哈工大，已经创立了中国最早的计算机专业，NLP的学术齿轮开始在黑土地上悄然转动。

让哈工大赶上这趟时代列车的，是一位来自浙江的学者——陈光熙。当时，哈工大校长李昌派人到北京招聘一批老教授创办新专业。已经50多岁的陈光熙教授自告奋勇，放弃了北京优越的工作生活条件，前往哈尔滨主导了新中国第一个计算机专业的初期建设。

凭借对世界科研的敏锐度，陈光熙迅速将包括人工智能在内的一系列前沿研究引入了哈工大。哈工大计算机专业的年轻学生，更是喊出了领先时代的口号——"我们专业向国庆节献什么礼？我们也要做计算机！"

很快，在这样的科研氛围中，新中国第一台会下棋、会说话的模拟计算机三堆棋于1958年在哈工大诞生。据说，这台智能下棋计算机每秒钟能运算40 000次，还能在适当的时机说出"请您走！""您犯规了！""您输了！"三句话，开了中国智能计算机之先河。

此后，在陈光熙、李仲荣等第一批学者的努力下，哈工大的计算机技术不断突破。20世纪60年代，计算机超小型磁芯存储器出现，成功填补了国家空白；70年代，中国第一台容错计算机RCJ-1研制成功；80年代，高级语言机、并行数据库机、并行知识库机与并行推理机等新一代计算机，都取得了重大的科技成果。

与此同时，自然语言处理这一技术"软实力"，也在两代人的努力下逐渐枝繁叶茂。

1959年，哈工大研究出了能够实现中俄语言互译的MT系统，主要用在机床制造、两弹一星等重要国家项目的外文资料支持上，与IBM和美国乔治敦大学合力推出的首个MT系统在时间节点上几乎趋于一致。

到了80年代中期至90年代初期，伴随着世界机器翻译研究进入了第二个高峰，哈工大机器翻译学术建设的接力棒，镌刻上了两个新的名字——王开铸与李生。二人相继成为中国863计划的项目负责人，通过一系列研究成果为哈工大乃至中国NLP的发展打下了基础。

王开铸教授在90年代先后研制出基于理解的中文自动文摘系统，和基于统计的任意文本文摘系统，以及应用了自动分词技术的中文校对系统。据说在交付时，该系统曾经查出了一篇经过三次人工校对并且已经发表的文章中的一个错别字，征服了挑剔的用户。

李生教授则着重研究汉英-英汉双向机器翻译。在航天预研基金及863计划的支持下，他率领团队先后研制了CEMT及BT863系列机器翻译系统，并在实际应用中获得了大量好评。

在机器翻译之外，另一个能够体现哈工大NLP技术"软实力"的技术成果——中文输入法，也在20世纪末开始酝酿。

80年代中文信息处理行业刚刚起步。当时的计算机必须用键盘输入英文，大家都担心汉字可能会消亡，所以汉语拼音的输入输出问题也就成为重要的科研任务，一时间可谓是万马奔腾，各种输入法层出不穷。

直到1995年，王晓龙教授开发的语句级拼音输入法，采用了自然语言处理技术，可以根据整句输入自动分析、自动校正相应的汉字，正确率极高，因此风靡一时，也构建了中国现在的输入法框架，并被授权给微软公司，为后来的微软中文输入法奠定了基础。

目前看来，机器翻译及自然语言处理技术的沉淀和积累，让输入法成果表现出了远超词语级智能的效果提升；中文输入的突破，又为后续机器翻译、搜索技术等领域的广泛应用确定了基本盘，也让哈工大的NLP领域从90年代末至今，一直扮演着"技术领军者"的角色。

历史的车轮滚动到新千年，互联网的浪潮与人工智能的序曲，也开始与NLP领域进行碰撞。哈工大所受到的影响，则主要集中在NLP研究的大数据化和智能化上。

首先，面向网络环境的智能化中文信息处理平台被研制出来，能够适应海量动态的网络信息，实现语料库共享、功能借用等，为后来智能搜索引擎的研发工作奠定了基础。

另外，运用神经网络等新兴技术来完成语言检索、内容分类过滤、汉字识别等NLP任务，在应用方面表现出了一定的效果。比如在内容管理上，通过网页去重算法来计算线性时间复杂度，在语言内容的聚类和去重上，准确率达到99%（2004年数据）。

更为关键的是，NLP开始走出象牙塔和少数特殊行业，与社会生活全面接轨。哈工大机器翻译研究成果为许多领域应用提供支持，比如2008年北京奥运会的体育新闻汉英翻译系统。

与此同时，一大批哈工大的新一代学者，也以前所未有的速度在学术界和产业界成长起来。

比如中国工程院院士高文、方滨兴，中国科学院院士怀进鹏等，已经成为中国计算机领域的学术泰斗级人物；企业界则有百度CTO王海峰、微软亚洲研究院常务副院长周明等人。

而投身应用的王海峰，更是产业界一颗耀眼的明珠。他升任百度CTO时，在一封给百度全员的内部信中，百度董事长兼首席执行官李彦宏这样评价王海峰的技术贡献：为百度创建了自然语言处理部、互联网数据研发部、推荐和个性化部、多媒体部、图片搜索部、语音技术部等，作为执行负责人协助创建了百度深度学习研究院。他还是自然语言处理领域最具影响力的国际学术组织ACL历史上首位出任过主席的华人，也是唯一来自中国大陆的ACL会士。

而哈工大新一代学术力量的代表刘挺，带着微软亚洲研究院的履历和国际视野，回到母校任职，着手主导多文档文摘系统、中文自然语言处理开源系统（语言技术平台 LTP）等的研究。2013年至今，刘挺在NLP领域的论文引用次数已经超过六千次，成为国内首屈一指的学术带头人。

在一批批师生的不断求索中，身处中国最东北地区的哈工大，如今已经成为中国的NLP重镇，拥有三个颇具实力的NLP团队，包括了刘挺老师坐镇的社会计算与信息检索（SCIR）实验室，赵铁军老师坐镇的机器智能与翻译研究所，王晓龙老师坐镇的智能技术与自然语言处理（ITNLP）研究室。

对此，有着"承上启下"之功的李生教授在获得ACL终身荣誉奖时，是这样说的：

"我会尽我一生之力移走前进中的难题和阻碍，即便自己有一天无法攻克难题了，还有我的学生和学生的学生。只要每一代人持续努力，相信机器翻译的目标，乃至让计算机真正理解语言的梦想终究会实现。"

今日，当我们回望哈工大计算机科学与技术学院大楼门口的光熙像，回想光熙精神，似乎也理解了哈工大与NLP这份夙缘的来处与归途。

新中国的智能梦:哈工大AI发展简史

比尔·盖茨说:"自然语言理解是人工智能皇冠上的明珠。"

最近几年,自然语言处理已经全面从传统的统计机器学习,转向了以深度神经网络为代表的深度学习。而自然语言处理技术的进步,也进一步推动了人工智能的整体进展。

但在几十年前,NLP与AI的关系并没有这么焦不离孟。哈工大与AI的渊源,也别有一番往事。

1956年夏季,美国达特茅斯(Dartmouth)学院举办了一场关于机器模拟人类智能的研讨会,已经被公认为"人工智能元年"。同年,哈工大计算机专业成立。

但那个时候,整个中国学术界都对"人工智能"没什么概念,到了20世纪60年代后期和70年代,人工智能更是在举国上下备受质疑,成为与"特异功能"一样的伪科学和研究禁地。

直到80年代初期,人工智能在全球迎来了第二次发展高峰,在钱学森等人的努力下,中国学术界也开始逐步解禁。1986年更是把智能计算机系统、智能机器人和智能信息处理等重大项目列入国家高技术研究发展计划，也就是大家耳熟能详的863计划。至此，中国的"智能梦"才算是正式启航了。

而这一时期哈工大开展的一系列研究工作，对于中国人工智能技术和产业的发展，则产生了非常重大的影响。

20世纪80年代初，计算机与"智能模拟"相结合的探索，在哈工大的计算机楼中起步。

据佟冬（现任北京大学信息科学技术学院副教授）回忆，当时他正在哈工大攻读博士学位，那时整个哈工大计算机系几乎有三分之二的人都在做智能方面的研究，包括机器翻译、语音识别、图像识别、知识库（专家系统），甚至机器人。

王海峰在博士期间，就开始尝试将神经网络引入到口语翻译等NLP任务中去，在词法、句法、语义、语用等各个层面都取得了很好的效果。但受限于数据（语料）与算力（GPU）等综合因素，当时的神经网络应用还未到爆发的时机。

2005年左右，神经网络结合机器翻译重新进入学界视野。为了解决汉语分析和翻译系统的快速移植等问题，哈工大的研究团队利用汉英双语语料加工技术，进行2万汉语句树库的建设，建成汉/英/日三语平行语料库。

到了2006年，李生教授与刘挺所在的实验室发布了一套自然语言处理及信息检索的系统化工具——"语言技术平台LTP"，集成了包括词法、词义、句法、语义、篇章分析等10项中文处理核心技术，大大提高了语法解析、信息抽取、文本分类等自然语言处理任务的性能。包括百度、腾讯等在内的很多企业，都购买了LTP的使用权。

除了自然语言处理之外，在机器学习、计算机视觉、语音识别等领域，哈工大的学者们也都进行了非常前瞻的示范性探索。

哈工大计算机系的洪家荣教授，当时已经是世界有名的机器学习专家，在1997年出版了《归纳学习：算法 理论 应用》一书，其研究成果被公认为对基本的规则学习AQ算法做出了重要贡献。

计算机视觉方向上，以高文为代表的哈工大学者，则深耕在人工智能、模式识别与多媒体计算、视频编码与分析等领域。

另外，在国家自然科学基金等项目的资助下，哈工大的语音处理研究室开展了不少语音识别方向的探索，在噪声下的语音识别、情感语音合成、语音内容控制、音频信息检索等领域都产出了不少成果。

总体来看，哈工大的人工智能缘起既是"从零到一"的创新求索，更是多学科与前沿技术之间的整合突破。而这一"哈工大AI"的学术脉络，在两张世界级名片——高文与王海峰的科研道路上，体现得尤为明显。

现任中国工程院院士的高文与百度CTO王海峰，在20世纪八九十年代，才刚刚叩开人工智能的大门。

1991年，高文已经结束了哈工大的博士生涯，在导师的建议下前往日本攻读他的第二个博士学位。但他在哈工大的博士联合副导师李仲荣（哈工大计算机学科奠基人之一）病重，导师将高文叫回国内，并把哈工大一个做计算机应用的新博士点托付给他。

据当时在哈工大实验室工作的学生回忆，那时实验室经费很紧张，即使是BT863这样的重点项目，一年也只有十几万元。直到1995年BT863在全国机器翻译评测中拿了全国第一，条件才逐渐好了起来。

1996年，正在攻读博士学位的王海峰加入高文的JDL实验室时，第一次接触到了语音、图像识别等不同领域的研究，他非常兴奋，并决定在博士论文中尝试将神经网络引入机器翻译。

但情况并不太乐观。因为想法过于超前，那时国内还没有人做过神经网络与机器翻译结合的研究，就连介绍神经网络技术的著作都很少，王海峰不得不专门前往北京等地的图书馆，查阅大量关于AI的外文文献。

实际动手的时候，当时的算力水平还不足以支撑太复杂的神经网络运算。更严峻的是，神经网络自身的局限性与自然语言的复杂性，让二者的结合变得难上加难，使得学界一度又回归到了统计学方法上。

当时学术界流行的是基于实例的机器翻译方法，简单来说就是差不多的句型，将不同的案例往里面套。李生教授指导王海峰博士论文时，做实例的方法就是拿语料库、模板做句套，一样样往里面套。比如"进口100吨大豆，单价多少，总价多少"这样一个简单的句子，把"进口"改成"出口"，"大豆"改成"钢材"，单位和单价再一转换，最后总价也不一样了。

在传统方法的基础上，王海峰坚持引入了浅层的RNN网络，以期解决自然语言的歧义、边界、上下文等问题。

不难发现，尽管每一代哈工大人面临着迥异的时代背景与科研困境，但他们追求技术理想的信念和激情，与离家北上的陈光熙、呕心沥血的李仲荣等前辈们并无二致。

得益于一代代哈工大人为AI黄金时代所做的教育准备，今日的哈工大在AI探索上姿态更加从容。

2018年哈工大人工智能研究院成立，将研究核心聚焦在一些重要的AI前沿领域，比如深度学习的模型表示、异构并行优化算法等基础算法创新，以及前沿的脑科学与类脑智能等。

作为哈工大人工智能研究院的筹备者，刘挺坚持认为，"学生是高校的第一成果"。人才数量和质量，一直是哈工大人工智能的"金字招牌"，研究院的首要使命，就是培养人才。

哈工大不但重视扎实的基础研究，还很注重跟企业合作。在教授学生基础知识的同时，非常注重实践能力的培养，因而毕业生在产业界广受欢迎。据刘挺透露，以往培养的学生多数都进入了BAT等互联网公司，但从2018年开始，有一半的学生进入了银行、电力、农业等传统行业。可以想见，未来毕业的无数AI接棒人，又将在产业界掀起怎样的变革。

目前，哈工大正与黑龙江省合作，开展智能遥感与农业相结合的项目研究，以期通过遥感技术+智能算法协助农田管理，帮助农民与企业降本增效。未来还打算与林业厅配合进行森林遥感预防火灾，与医院协作研发乳腺癌的自动诊断等等。

提到对哈工大人工智能学科未来的一些期待，刘挺说了这样一句话："从长远看，（人工智能）确实是一场革命，只要它不是泡沫，就耐心（等待）行业自身的梳理。"这正是哈工大人的真实写照：耐得寒冬，静对风口。

六十多年来，哈工大计算机系的师生们怀着满腔的热情为中国计算机与人工智能的进程而奋斗着。他们远离泡沫狂欢，在外界吹捧AI的时候淡定提醒——"现在的机器学习还很初级"；也很少屈服于唱衰与挫折，在每一个技术寒冬执着前行。也正是那些看似不起眼的"量变"，一步步用时间织就了专属于他们的荣光。

"规格严格,功夫到家":当哈工大文化遇到AI

王海峰带出来的第一个博士生郭江,目前正在麻省理工学院从事博士后的科研研究。从哈工大到海外的两重经历,让他对哈工大独特的教育模式体会更深。提到王海峰的认真严谨,他印象颇深。

郭江曾经提交过一篇关于深度学习NLP调研的综述,很多老师在看过之后都认为可以直接投稿发表,只有王海峰将这篇综述批评得"体无完肤",说这篇综述从观点提炼到写作都不严谨,让郭江逐字逐句修改后才发表出来。郭江说,一开始对王海峰的批评是有些不服气的,但随着他的研究逐渐深入,再回头看这篇综述时,才发现当时自己的局限。

郭江回忆,很多人在读博时都会强调机遇和创造力,实际上大多数人最需要也是最缺乏的,是哈工大和王海峰一直延续下来的这种认真精神。

所谓创造力和认真,其实可以被看作高等教育中苏联模式和欧美模式之间的差异。

高等教育中有关苏联模式和欧美模式的争论，一直持续了半个世纪。苏联教育模式强调严进严出的淘汰机制，重视过程管理和专业教育，在理工科上尤其重视基础理论打造和工程应用的训练。而欧美模式则相对重视柔性化的目标管理，在通识教育的基础上强调对学生的个性化培养。

中国的高校大多扬其所长，在两种教育模式中寻求平衡。在很多中国高校的教育模式中，都能找到苏联模式和欧美模式的影子。

例如哈工大这句"规格严格，功夫到家"的校训，就颇有些苏联模式的意味。

这八个字的正式提出，是在20世纪50年代中期，一批工农速成中学学员进入哈工大预科学习俄文，由于速成中学学员的基础较差，他们的学习过程并不顺利，甚至在期末考试中出现了大量不及格的情况。这时便有教师提出，哈工大面对速成中学学员是否应该考虑降低培养规格标准。而时任校长李昌做出了一个影响了哈工大半个多世纪的决定，他认为哈工大只应该有一个规格标准，如果学生达不到，教师可以调整教学方法，可以帮助学生补课，但决不能降低标准。从此，"规格严格，功夫到家"就成了哈工大最首要的原则和最鲜明的口号，在一代代师生的传承之下，最终升华成了精神与灵魂。

这种灵魂形成的原因，或许和哈工大的地理位置有关。

远离核心经济圈的哈工大，相比北京或东南沿海的高校，似乎很难和"创业""下海"等关键词产生什么关联。浪潮几度汹涌，哈工大却似乎总处在另一处更寂寞的岸上。加之哈尔滨作为老牌工业城市，也为哈工大刻上了鲜明的烙印——沉默坚韧、认真刻苦。

北京语言大学计算机学院院长荀恩东教授，与王海峰同样师出哈工大李生教授门下，在接受采访时说，哈工大的校风就是不华丽，但是要做事，就是基本功的训练一定要扎实。所以在计算机系，每个硕士、博士生都要写很多代码，做很多工程，基础训练这一块相比较来说非常到位。

有趣的是，有很多哈工大毕业的校友，在谈及哈工大文化时，都认为哈尔滨的"冷"，以及没有北上广那种热闹造成的无聊，更好地锤炼了哈工大学生技术扎实的功底。

AI恰好也是一项必须为之守住寂寞与保持坚韧的技术。AI本身经历了多次起落，作为科研者来说，能够耐得住寂寞忍受暂时的灰暗，是一件很重要的事。这大概也是今天哈工大能够在AI领域开花结果、输出大量人才的原因。

我们不难发现，哈工大的"规格严格，功夫到家"，其实与AI研究有着天然的契合。

以今天盛行的深度学习技术为例。事实上，AI开发者都知道，深度学习是一项非常"无趣"的技术，机器学习过程需要不断地重复，不断地优化模型，不断地调整参数。漫长的重复和不知道何时才能获得最优结果的无奈感，时时萦绕在AI工程师左右。

并且，AI是一项强调工程化和部署过程、一切以结果为准的技术。AI研究的最终去向，是工程化、产业化，用来解决现实世界中的问题。这时哈工大对工程实践和动手能力的重视，以及对专精领域的深度挖掘，便开始发挥作用。可以说哈工大一直在等待和准备，等到基础技术得以整体发展，等到中国的经济环境逐渐改善，当我们足以迎接AI时代的到来时，长久以来铸就的灵魂便开始散发出光芒。

王开铸、李生、高文、王海峰、周明、陈熙霖、吴枫、刘挺、荀恩东……提起这一连串来自哈工大、如今撑起了中国AI半边天的名字，我们能从他们身上清晰地辨识出哈工大所留下的标识。

李生教授曾经提到，在培养王海峰这一代哈工大学子时，注重实践是重要的成功经验。王海峰第一次与AI结缘，就是对机器翻译项目CEMT-Ⅲ的优化。此时距离CEMT正式投入市场，已经过去了好几年。在那个NLP乃至AI整体都不受重视的年代，让学生们接触到已经投入应用的产品，一方面可以让他们认识到这项技术的应用价值，坚定他们进入这一行业的决心；另一方面，也从本源上培养了他们脚踏实地、理论与实践结合的学术风格。

李生教授如今被称为"机器翻译界的愚公"，大抵也是因为他一直在通过切实的"移山"——在不断利用NLP技术解决产业问题的过程中，吸引了一拨又一拨的追随者。

这些追随者正在将AI研究中的"规格严格，功夫到家"发挥得淋漓尽致。

以王海峰为代表的AI产业从业者，将哈工大精神带入AI商业之中。我们可以看到，百度对于AI技术的投入，除了注重基础研究外，更多的是将AI输入全线产品之中，打造出适应实际应用场景的技术、产品和平台。

来自微软亚洲研究院的周明，作为AI产学结合的代表，也在用实际行动推动高校AI研究与产业实践碰撞的机会，如今哈工大与微软的联合实验室不仅在国际计算语言学协会（Association for Computational Linguistics，ACL）、国际计算机协会信息检索大会（Special Interest Group on Information Retrieval，SIGIR）等顶会上发表了大量论文，也有大量成果付诸应用。

至于像刘挺这样留在哈工大继续培养人才的哈工大人，更是进一步将哈工大精神与AI研究的天然契合理论化，打造出独有的科研教学体系。他所组建的国内NLP领域最顶尖的研究机构之一——哈工大SCIR，在研究目标制定上就十分明晰：并不面向纯理论，同时也不完全面向应用，将国家和企业的重大需求与国际上的技术理论突破结合在一起，站在超前企业3~5年的位置上，把技术指标向前推进一步。

哈工大学子们，就像蒲公英的一颗颗种子，带着最坚韧的生命力落在每一处需要AI生长的地方。"规格严格，功夫到家"的精神让他们拥有顶破钢筋水泥生出幼芽的力量；在风中开花结籽，不断传承。

王海峰回忆说："哈工大校训八个字对我影响非常大，我到现在都经常说这八个字，'规格严格，功夫到家'。而且很多跟我特别熟的人说，不止在工作中，在生活中我也符合这八个字。"

校训文化的影响有多深刻？刘挺说，王海峰甚至在教育孩子时，都要用到校训。

很容易发现这样一个现实，今天各大互联网公司和高科技企业里，有大量AI工程师与AI开发者都来自哈工大。他们中的大部分，都像王海峰一样，是以"校训为生活"的人。那么从学界到产业界，从AI的顶层战略设计到一个个算法的落地，一个个项目的执行——"规格严格，功夫到家"也在以人为传播的方式，浸染了中国的人工智能发展史。

王海峰在教育自己的孩子时会用到校训。而换个视角看，中国的AI产业不也是个孩子？在无形中，这个孩子执行着"规格严格，功夫到家"的启示，沉默着、笃定着、决然着，踏过寒冬的霜雪，终于迎来令人惊讶，却实属必然的盛放。

盛放的故事开始于2010年，已经成为NLP产业与学术界领军者的王海峰，加入了一家名为百度的公司。

第二编

将 AI 翻译到现实世界：
百度 AI 崛起的亲历者与推动者

4 加入百度的缘起与思考

若干年之后,王海峰被百度称为"AI技术的奠基者和领导者",而百度也凭借AI技术享誉全球。一个人与一家公司的相遇,很多时候充满了偶然。但王海峰走入百度,却让我们更多地看到了时代的必然性。AI技术的新一轮变革,在2010年悄然酝酿着。

最懂技术的互联网公司：为何选择加入百度？

阅读本书的诸位读者，想必都抱着一个核心疑问：为什么在AI到来之际，最先崛起腾飞的公司是百度？

想要从源头处抽丝剥茧地回答这个问题，可能要回到2010年王海峰加入百度时，甚至更早。

在东芝已经取得了较大成就，成为国际NLP领域著名科学家的王海峰，在自身职业生涯将满十年的时候，开始审视起了自己的职业规划。

据他回忆，当时对大环境的一个核心观察，是原本在技术领域具备优势的外企正在逐渐走向缓慢发展。而中国本土企业，尤其是互联网企业正在迎来高速发展阶段。

而在当时"山头林立"的众多互联网公司中，王海峰为何最终选择了百度，这或许是一个诸多因素合力促成的偶然与必然。

从技术人才进行职业抉择的大方向上看，百度自诞生起就是一家具有技术基因、工程师文化的公司。而且立足于搜索引擎的百度，客观上来说蕴藏着AI研究者梦寐以求的宝藏。

比如对于王海峰和他的同行、同事们来说，机器翻译是他们的主攻方向。而机器翻译的进一步研究和探索，在当时出现了一个重大利好消息，就是互联网的兴起带来了语料的爆炸。而百度的搜索业务，又是互联网世界中最好的语料留存中心。不仅仅是王海峰，很多科学家都表示，想要进一步探索语言秘境，百度是天然的"矿藏"。

另一方面，立足于搜索引擎的百度，又是连接千万用户的一个技术出口。如今担任百度技术委员会主席、百度自然语言处理部首席科学家的吴华博士，与王海峰一样都是从东芝来到百度的NLP领域科学家。她对我们回忆说："当时觉得来到百度后平台不一样了，主要就是因为在百度可以让很多用户真正用到我们自己研发的技术。"或许可以这样理解，某种程度上来说，投身产业界的科学家们，一个首要愿望就是自身的研究能够"经世致用"。而随时连接着数以亿计用户的百度，在当时可以说成为计算机、信息科学等领域学者施展抱负的最佳舞台。

回到王海峰加盟百度的故事。做出这个决定的正确性，如今看来显然是毫无争议的。但在当时，一位资深科学家加盟百度这样刚刚兴起的互联网公司，还是一件颇有"前瞻"意味的事情。

王海峰的很多同学、朋友在回想当时得知他有意加盟百度时，都表示有一些出乎意料。在他们的预想中，当时王海峰的去处应该是微软、谷歌这样的国际大企业，或者是顶级科研院所。而今天成为中国骄傲的BAT，在当时还多少有一点"草根"的味道。

纵观人类经济史，中国互联网的腾飞足可称为"奇迹"。飞速发展的百度，当时已经孕育出了能够让王海峰下定决心的契机。

让我们回溯一下，看看这个后来被太多人誉为"很有眼光"的抉择，是如何做出的。

据王海峰自己回忆，2007年的时候，他就感觉到未来是属于中国本土企业的。而从他依然希望投身产业界的角度来看，高速发展的互联网产业是最佳选择。在互联网公司中，百度显然又是最擅长技术，最尊重技术人才的。

虽然整个逻辑非常清晰，但在当时，王海峰心中也不无顾虑。因为当时互联网行业给人的印象，更多像是"写代码的年轻人"的狂欢。作为潜心前沿技术领域很多年的学者，王海峰还是会担心是否能在百度找到自己的位置。

有一件事成为那颗关键的"定心丸"。2009年8月，百度召开了第四届"百度世界大会"。

与以往三届基本以"传播"或"营销"为主题不同，2009年百度世界大会给人的感觉是格外具有技术味道。

李彦宏在本次大会中推出了全新计算平台"框计算"。

这项技术概念，是指百度用户可以在"百度框"中输入服务需求，系统就能通过理解用户输入的语言指令，对需求进行智能化理解，然后将其分配给最优的内容资源或应用提供商处理，最终返回给用户匹配后的结果。

举例来说，如果用户在百度框中输入"我想听歌"，那么百度将在理解这一命令后，直接给客户展现几大音乐网站的入口；用户输入"一万人民币能换多少美元"，那么百度将直接给出计算结果，而不是有这些关键词的网页。

或许阅读此书的你，今天已经完全适应了如此智能化的百度搜索。但在当时，这一技术方向是绝对富有前瞻性与挑战性的。而百度的"框计算"构想，恰好让王海峰看到了自身所学的用武之地。

在当时，王海峰敏锐地判断出，如果百度想要朝"框计算"方向进一步发展，那么就无法避免需要更强大的自然语言处理技术的支撑。尤其是语言分析、语义理解、知识获取等方向，百度将面临非常多前所未有的工作，需要在技术深度上寻求突破。而这些领域，恰好是王海峰所擅长、所追求的。

就这样，本书所记录的故事中，最关键的一颗纽扣扣上了。

随后，王海峰与百度的多位技术中高层进行了沟通，他发现除了自身所学能学有所用之外，百度的文化与其自身性格匹配度也很高。对知识人才的尊重、"简单可依赖"的工程师文化，都让他非常认同。所以在与百度接触不久后，他就做出了决定。

我们回头看看可能会发现，"中国AI爆发于百度"的故事，早在此刻就已经埋下伏笔。比如说，打动王海峰的"框计算"，事实上背后依靠的就是知识图谱、语义理解、自然语言处理等AI技术。这意味着早在2009年，已经能够看到百度对智能技术的认可和谋划。

在当时，搜索引擎还主要应用于电脑端，从PC到人工智能，普遍意义上来说，至少还隔着两个技术代差。而对于技术信仰者来说，远见是最有吸引力的一种品质。

当时百度的远见，吸引了王海峰的注意。而王海峰来到百度之后，与其共同酝酿出新的远见，显而易见让百度收获了更多。

中国人工智能的时钟，悄然被拧紧了一挡发条。

他们共同审视未来：初入百度

在上一章节中，我们聚焦于王海峰如何审视和判断当时的百度。而如果我们将镜头掉转过来，看一看百度如何理解王海峰的加盟，又是另一件有意思的事情。开始吸纳以王海峰为代表的前沿技术专家加入，对百度来说也意味着某种改变正在发生。

2010年，中国互联网用户规模突破了4亿，"宽带不宽"还是主要的问题。移动终端刚刚完成了3G网络的商业普及，爆炸式发展的移动互联网还悄无踪影。

而当时的百度，正处在PC端搜索引擎高速发展的红利期中。一切可谓顺风顺水，股价和市场规模都在快速奔跑。而这样的发展周期里，一般企业的思路可能会倾向于快速变现和拓展核心市场份额。这种选择当然并无问题，但当时百度决策层却敏锐地注意到了这家公司的另一个需求：把技术向前沿化、专精化、深层次发展。而想要追逐技术的深度和未来，高水准的专业技术人才就是最重要的战略投入。

很多百度同事回忆说，在2010年初王海峰加入百度的时候，百度虽然已经以技术能力闻名业界，但在搜索引擎的快速发展之下，工作多少还是带一些草莽的味道。团队更倾向于快速做系统、做业务，而王海峰的到来，恰好符合公司吸纳专业人才、将前沿技术落地的战略方向。这在当时也可以视作百度战略的一个自我调整。

百度旗下产品，本质上来说是信息与人的交互。而信息交互在不断的产品升级和多元化后容易变得相当复杂。如何让复杂的产品更完美、体验更加人性化，是当时百度决策层对未来发展方向的一个基础判断。而信息交互的人性化，又无法离开对语言的探索，尤其是自然语言处理技术的应用，所以说王海峰的加盟，在百度发展历史上是一件恰逢其时的事。

而初入百度的王海峰，给百度同事的第一印象是：低调。

王海峰加入百度后最早的同事之一、现任百度AI技术平台体系执行总监的吴甜回忆说，第一次见到王海峰，是在一次组内会议上。当时也没有人介绍，王海峰就是默默地听着。直到会后同事们才知道，这就是刚刚加盟的业界非常知名的科学家。

当时，百度做NLP研究和应用探索才刚刚开始，而王海峰已经是国际NLP领域当之无愧的大家。但初入互联网公司的王海峰，并没有表现出"专家的派头"。很多同事都回忆说，无论是经验还是资历，当时很多同事都应该算是王海峰的后生晚辈，但他本人表现出的却是以非常虚心的态度去学习和了解。对百度当时做的工作、互联网产业需要什么样的产品和技术等等，王海峰都会积极和同事们讨论甚至请教。

甚至于，初入百度的时候，王海峰比同事们普遍大了十岁左右，对当时很多的网络流行语不了解。在2010年的一次出差路上，同事们说起一些新流行的网络词语,王海峰并没有像想象中的"领导"一样,置之不理或者纠正同事的用词,反而一路上都在跟同事学这些词,比如"萝莉""正太"等等。

王海峰自己也承认,刚来到百度时,其实文化、工作习惯,甚至性格、年龄都与同事们有很大差异。但因为之前他已经做了很多思考,很确定要向互联网的方向走,所以心理准备已经足够,下定决心要去改变自己,适应环境。这从一个侧面反映出了王海峰的性格与管理艺术,同时也可以发现一个技术专家初入互联网行业时的开放学习心态。

刘挺回忆,加入百度之后,王海峰的学习与工作强度明显加大。每天早上七点王海峰就会到办公室工作,开始快速学习和消化百度的已有技术体系。由于王海峰此前的专业是机器翻译,而机器翻译与百度的搜索引擎技术体系事实上存在着不少范围上的出入。但王海峰的学习能力和工作精力,让这个出入很快得到了填补。

有一件事让刘挺非常惊讶,王海峰到百度后不久,他们一起参加一个学术研讨会。会上王海峰代表百度发言,面对专家的提问,王海峰对百度的众多技术参数对答如流,完全像是在百度工作了很长时间的样子。

王海峰的到来,让百度又多了一丝学术气息,并开始迈出了参与国家项目的科研脚步。

在此之前,百度很少参与国家项目的申请,这类项目往往都是科研院所申请。但在国际上,很多高科技公司都会参与其中。

王海峰下决心改变现状,没人写申报材料,他自己来写。有同学后来回忆,2010年哈工大90周年校庆期间,王海峰回到母校参加庆祝活动，在与大家欢聚后，回到酒店还不忘通宵达旦地写申报材料。

加入百度之后，王海峰和团队的工作也很快取得了成果，百度的平台确实有益于王海峰发挥才华。当时百度参加了国家高技术研究发展计划中的机器翻译项目。在立项时，王海峰表示他们可以在中英机器翻译上超过谷歌，当时在场的很多专家都表示难以置信。事实是最好的证明，这一项目的执行周期原本为三年，而百度翻译在一年多的时间里，就在中译英准确率上超过了谷歌。

这是中国AI技术应用跻身世界前列的某种开始，但还远远不是结束。当风景与画师各就各位后，中国AI的画卷开始向着更深处延展开来。

5 在百度『种植』AI

任何技术都不会从天而降。一家企业对技术的发现、判断和培育,往往是一段艰辛却充满探险乐趣的旅程。走入百度之后,王海峰的第一个任务,是"种植"一种当时很多人根本无法理解的技术:人工智能。

AI在百度生根发芽："NLP铁军"的由来

> 知者见于未萌。
> ——战国·商鞅《商君书·更法》

当今天我们在谈论百度AI时，必然离不开百度搜索业务形成的沃土。但从先天条件到组建出钢筋铁骨，其间的距离还很遥远。

时间倒退到2010年，中国的互联网企业正处于风浪涌动的前夕。彼时小米和美团刚刚成立，移动互联网正在暗潮中萌生。视频、团购和电商是当时最热门的领域，互联网的广泛普及带来了巨大的红利，人们被前所未有地聚集在一起，服务的距离限制被打破，线上与线下的联动作用不断增强。

在当时，有关商业模式创新的声量远高于技术创新的声量，团购模式走进街头巷尾的每一家小店，电商节日从自娱自乐变成全民现象，一时间整个世界都在为全新的赚钱方式欢呼。

但这并不代表技术创新没有发生，它只是生长在条件更严苛的土壤里，生长得更悄无声息。在王海峰看来，百度搜索引擎带来的海量数据和交互窗口，加之一直以来对于技术的依靠和积累，就是那片适合技术创新生长的沃土。

2010年王海峰在百度正式开启工作时，所做的第一件事就是成立了"自然语言处理部"，以服务搜索引擎中产生的相关需求，进而又在语音、图像技术上推进当时名为"多媒体部"的诞生，以及敲定了百度在知识图谱技术上的研发投入。通过此前在哈工大、微软中国研究院以及东芝的经历，此时的王海峰在NLP学术界已经有了很强的背书能力，来到百度后，这种能力被转化为人才招揽上的吸引力，帮助百度招揽了大量如吴华、贾磊这样的技术人才。这些人才有的是王海峰不同职业阶段的同事，有的是NLP及语言领域互有交集的专家，到今天他们中的很多人已经成长为百度T10、T11级别核心技术骨干，为百度的AI团队打下了坚实的基础。

对于今天的百度来说，这三个方向的累积可以说是为后续AI技术从无到有、深入发展奠定了至关重要的基础。让百度从技术服务业务一点点转变成了技术引领业务，从一家科技互联网企业转变为一家AI企业。

/ **这种转变的轨迹，在NLP角度上最为鲜明**

吴甜回忆，在王海峰来到百度之前，百度在NLP方面已经有了一定的技术累积。早在2005年，百度就提出了"更懂中文的搜索引擎"

这一口号,对于搜索引擎这样的产品来说,只有通过语言文字深入理解用户的搜索意图,才能提供高效的服务。

在NLP部门成立之前,百度在NLP方面的研发工作一直在业务需求下进行,并没有构成体系。例如今天业务部门需要分词技术的支持,研究人员就要进行相关研究,明天业务部门发现query(查询)需求分析能力的改善能够帮助流量提升,研究人员就会进行相关优化。

NLP部门成立后的最大的改变,就是这种"指哪打哪"状态开始扭转,百度NLP研究涉猎范围逐渐包括了一些当下应用性没那么强、却更具前瞻性的技术方向。

其中一个很典型的案例就是语义搜索,语义搜索指的是"透过现象看本质",在搜索时不仅仅盯着关键词的字面意思,而且探索背后的用户真实意图从而反馈更符合需求的搜索结果。例如当用户搜索"亦加上木"时,拥有语义搜索技术的搜索引擎就能够判断出,用户想要找的并不是含有"亦""木"等字眼的内容,而是想要查找与"栾"这个字相关的内容。

而语义搜索技术的发展建立在知识库的累积之上,知识库对于信息的特征提取和逻辑组建本身就是一种AI技术常见的数据结构化过程。同样,机器翻译、机器学习、语义理解、智能交互、深度问答、篇章理解等新的技术方向也是在这个时期的NLP部门中,逐渐地启动了相关研究。而这些技术,在日后成为百度AI强有力的支撑。

就像2011年,在NLP部门的支持下,百度推出了基于机器翻译技术的产品"百度翻译",随后不断在这一产品框架下进行技术的更新迭代。百度的巨大流量,也让王海峰得到了前所未有的直接用户反馈，让AI学术成果在格外严苛的用户锤炼中快速进化。正是这种高频应用场景和先进技术的碰撞，让百度在2015年推出了世界上第一款互联网神经网络翻译系统，跑赢了谷歌、微软等企业。

后来成为王海峰第一个博士生的郭江，在2010年曾经在百度NLP部门实习。在他的印象里，那时的NLP部非常小，只有二三十人，王海峰就和部门里所有人一样，坐在开放区办公，每天早早地来到公司，一整天都直直地挺着脊背。

一个几十人的团队，一位低调勤奋的领导。这样的画面怎么看都像一家大企业的后勤支持部门，波澜不壮阔，远离旋涡中心，与"创新""机会""改变"这些关键词都毫无关系。

可事实却恰恰相反，在百度，后来世界上第一个互联网神经网络翻译产品、世界上最大的知识图谱、开放给无数合作伙伴的NLPC自然语言处理云平台及小度助手（DuerOS）、大量科技企业争相刷题竞争的阅读理解系统，以及为大量AI技术作为底层支持的机器学习技术，都是在这个看似不起眼的部门逐渐成长、逐渐孵化出来的。甚至可以说，百度AI的诞生，就从这里开始。

今天谈论起百度与王海峰时，人们总说百度的技术基础、技术信仰和价值取向，与王海峰此前作为NLP科学家的能力累积是非常契合的。但从王海峰在百度NLP部门进行的一系列技术累积孵化来看，双方的契合程度远不止"学术能力"与"场景需求"，同时也在于王海峰本人对于AI技术发展趋势的预判，和百度对于这一系列判断的信任和支持。

时间指针拨回到2019年，今天的我们谈论起AI技术，想到的都是动辄融资几十亿美金的AI独角兽、国家的极力支持和科技巨头的集体投入。导致我们往往忽视了，几年前的百度和王海峰在为AI技术做出一系列基础累积时，是需要强大的预判能力甚至胆识的。

我们不妨回忆一下2010年前后世界范围的科技企业都在做些什么。

国内的情况，就如前文所说，互联网企业们正在为了商业模式的创新而热血沸腾。团购网站之间拼地推，视频网站之间拼带宽，智能手机带来的硬件风潮也正在孕育之中，可以说那是一个遍地是黄金，随便挖掘两下就能制造风口的年代。

/ **至于国际上的情况，谷歌的发展似乎可以被看作代表**

在2010年，12岁的谷歌遭遇了成立以来股价波动极大的一年。股价向上走的原因，主要是因为安卓系统的大受欢迎，一跃成为继iOS之后全球第二大操作系统；同时当年谷歌推出的连接商家与用户的本地搜索服务也大受欢迎。但谷歌同样也遭遇了一系列负面事件：社交产品Buzz因涉嫌泄露用户隐私受到批评，试图收购团购网站Groupon遭拒绝，并且在宣布计划收购美国航班信息软件开发商ITA时接受了反垄断调查。

从这一系列的事件中我们也能判断出，当时以谷歌为代表的国际范围内的互联网企业，同样也在移动互联网、本地服务、线上旅游市场等商业模式创新业务上投入了大量精力和成本。

如此一来，我们就不难发现为什么在2016年左右，一系列AI独角兽会如雨后春笋般出现，而很多互联网企业却需要大动干戈地向AI方向转型。

一方面不是所有互联网企业的体量都足够"一心二用",在推动商业模式创新的同时还能兼顾技术创新;另一方面,大多数企业也很难像百度一样对未来AI的繁盛做出预判。因此,很多科技企业错过了当时的技术积累期,只好后续耗费更多成本去"恶补"。

毕竟相较于"赚眼下的钱","为未来买单"恐怕没有那么容易打动决策者。就拿NLP技术来说,在2010年前后除了对搜索引擎、输入法、翻译等产品进行一些体验优化以外,通常只有在通信行业和一些娱乐性的聊天机器人中得以应用,很难让人看到光明的变现前景。

可也只有百度这样在当时投入了足够技术基础建设的企业,才能在今天收获到AI技术遍地开花的成果。所有互联网企业在AI之路上都是从零开始,但在王海峰的推动之下,百度比其他人更早地找到了那个"零"。

现如今任百度公司副总裁、百度智能生活事业群组(SLG)总经理的景鲲也能回忆起,自从他2014年加入百度与王海峰有所接触后,对王海峰最为深刻的印象就是他对于智能技术发展趋势的远见。从在20世纪90年代发现神经网络之于机器翻译的价值,到在2010年奠定AI技术之于百度未来发展的意义,都很好地体现出了这一点。

"愚者暗于成事,知者见于未萌。"这句出自"变革制造者"商鞅之口的话,告诉了世界成功与失败的原因可以被追根溯源,有人在一开始就预见到了成功的路径,有人到达终点却尚未发觉自己已经走过一程。

从春秋战国到公元2010年,这个简单的道理从未改变。在所有的竞争之中,有远见者都会被厚待。但AI竞争的残酷之处就在于,当很多人尚未意识到起跑线的存在时,比赛其实已经开始了。

透视未来交互：多媒体部的积累

虽然王海峰个人在学术经历上是以NLP方向为主的，但百度在AI赛道的选择上却要更加全面。全方位输出各种AI能力的百度大脑，以及基于百度大脑的智能搜索、智能推荐、智能云、小度助手、自动驾驶（Apollo）基本覆盖了当前AI绝大多数业务发展方向。

实现业务多方向覆盖的前提，需要基础技术上的全面布局。除了在搜索引擎中得以广泛应用的NLP以外，同样也需要语音、计算机视觉、深度学习等领域的技术积淀。

前文我们提到过，AI竞赛的开启要远远早于我们的想象。百度以及其他一些企业，之所以在AI领域表现优秀，很大一部分原因在于它们由于业务涉猎而在相关领域有着长期累积，就像百度为搜索业务服务的NLP技术。但在语音、视觉等领域中，早期百度是没有太多相关智能技术的需求的。

百度如何在这些技术领域实现积累，同样也是一个有趣的故事。

王海峰在加入百度时，清楚地意识到自己在百度的定位应当是把基础的学术能力泛化输出，对百度的技术结构进行整体性的提高，他从中总结出了三个词：基础、通用和前瞻。同时他也能逐渐感受到科技产业的变化——移动终端在不断进化，网络资费在下降，人们在渴望着更加丰富的信息媒介，从文字到声音，再到图像甚至视频，都将成为交互对象。

于是几乎在成立了NLP部门的同一时期，王海峰就已开始着手布局语音技术和视觉技术，牵头组建了当时的"多媒体部"。多媒体部的组建是声势浩大的，很多员工都由王海峰亲自面试并且根据他们的个人能力特长来安排工作，"入选严、水准高、能打硬仗"成了多媒体部门甄选人才时的口号。

当时多媒体团队的主要任务，就是围绕着计算机视觉和语音技术这两个方向进行基础技术研发。

虽然我们对视觉和语音的智能化理解进行倒推时，能发现是这些技术构成了百度最基础的AI交互能力，在今天不管是搜索、推荐、地图、输入法等移动端的软件，还是智能云、小度系列硬件、智能驾驶等，都能见到这些技术的参与。但在多媒体部建立的初期，很多人是并不知道这些技术有什么作用的。

不过在王海峰的极力推动之下，结合百度的技术基因优势，被称为"多媒体部"的团队很快就取得了大量的研发成果：在语音方面，有围绕语音识别的复杂声学建模、海量语言模型和高速解码等关键技术；在图像方面，则进一步推进了图像识别、图像分类、图像搜索以及OCR等技术的完善。

在这一时刻，百度也在某种程度上完成了从产品需求引领技术更新，到技术进化推动产品革新的发展。拥有了图像和语音的智能技术后,在2012年年中,百度多媒体部门开始推动这些技术的产品化,使其进入了用户的视野。建立在图像的智能化理解能力之上,多媒体部门推出了一款图片搜索引擎"百度识图"。语音的智能化理解则被整合到了移动端,在手机百度、百度输入法、百度地图等产品中加入了语音输入功能。百度内部和第三方测试结果显示,在语音搜索的效果方面,当时百度的中文语音搜索识别率已达到业界最高水平。

当然,在当时这些技术还没有展现出充足的商业化前景,但这一布局对于百度AI后续的发展却意义非凡。

在2012年,不仅有"世界末日",还有两件重要的事情发生:一是智能手机用户达到3.8亿,同比2011年增长72.7%;二是苹果的语音助手Siri推出了中文版本,正式打入中国市场。

一时间智能手机成为大众宠儿,无数人定下闹钟无数次刷新屏幕抢购限量发售的小米手机,iPhone 4S成为时尚单品,还传出了类似"白领在地铁里掏出iPhone用英语问Siri天气如何Siri用中文作答"的搞笑段子。

移动互联网已经切实来到人们身边,全新的终端带来的是全新的交互模式。

这里的交互模式变革,可以从两个层面来进行讨论。一是人与终端的交互,从电脑到手机,我们与终端的距离越来越近,彼此相处的时间也越来越长,如此一来,人机交互的方式越来越自然已经成为不可逆的趋势。二是人与万物的交互,移动互联网的出现进一步抹平了时空的阻隔,让人可以更高效地获取和传递信息,整个世界运转的速度不断加快,对效率的追求不断增强。

想要满足这些需求,就要将AI融入交互模式之中。

AI之所以能够提升交互效率、让交互更趋于自然，原因在于通过对人类语言的深刻理解，以及对人类视觉模式的模仿，降低了人类的学习成本。就拿"搜索"这件事来说，以往我们需要将想法提炼成文字，再通过输入法让终端理解我们的想法。

在这一过程中，人类需要学习的就有"文字""用键盘、鼠标操作终端""拼音/五笔输入法"等一系列复杂的东西。其中不论是成本还是效率，显然都是不理想的。

AI的作用，在于无须其中复杂的过程，以更自然的交互方式实现最终获取信息的目的。比如，在图片搜索技术中，我们只需拍下照片就能形成与终端的交互，让终端帮助我们去获取信息，不需要复杂的界面操作流程，不需要输入法，甚至不需要从图像到文字的抽象能力。

虽然百度识图、Siri这类产品已经明显开始了对AI交互的挖掘，但当时应用环境还不够完善。不论算法技术本身，还是算力和其他硬件的支持都远不及如今。所以在很长一段时间内，语音交互、图像理解一类功能都还是偏于娱乐化，用户怀抱着猎奇的心态进行尝试，产业端也只是以"占坑"模式进行相关布局。

但时至今日，已经无处不在的语音交互、图像搜索、刷脸认证、视频理解、增强现实等等，无一不建立在AI交互的布局之上。

对于百度来说，AI交互的布局效应体现在以下几个方面。

首先是让百度得以累积全面的技术能力，在AI时代可以走向更陌生的领域。

在2017年，百度股价再创巅峰，AI成了最重要的功臣。其中很大一部分原因在于，百度不仅用AI技术对原有业务进行了提升，还进入了自动驾驶、语音交互硬件等全新的领域。业务范围的拓展，显然和技术能力的拓展不无关系。尤其在自动驾驶领域中，如果缺乏对视觉技术最起码的累积，是绝无可能对技术合作伙伴进行甄别，从而建立起生态合作平台的。

建立在这一基础之上，AI技术能力的累积，让百度在AI发展方向上可以直接走向C端市场而不是仅仅向B端提供技术赋能。在AI企业的C端发展和B端发展两条道路上，决策权重不仅仅在于企业本身是否拥有海量用户，更取决于企业是否拥有可以直接为个人用户赋能的技术能力。而AI交互，就是能直接为个人用户带来价值的技术。用语音实现对万物的控制，以实现更具未来感的便利生活；从图像中辨识身份、文字等信息，让机器代替人类思考。支撑IoT设备、人脸识别闸机、拍照翻译等日常频繁应用产品的，正是AI交互带来的效率提升。

最后，对于AI技术的投入也为百度打造未来技术壁垒提供了支撑。

百度大脑的核心——"多模态深度语义理解"正是如此，被称为AI雪域高原的多模态深度语义理解，其难点在于让机器像人一样，综合不同模态的视觉、语音、语言等传感信号实现多模态输入与融合化的语义理解。在技术难关的攻克过程中，如果此前没有对视觉和语音理解两个方向进行足够的累积，就遑论将这两种模态的信息进行融合理解了。现如今建立在多模态深度语义理解之上，百度拥有着同行业内更高效的视频内容理解能力，在更拟真的人机交互方向上又迈出了一步。

从百度的企业组织架构来看，多媒体部并没有存在太长时间，很快这一"特种部队"的成员就分别加入了百度视觉技术部、语音技术部等出产了无数百度AI关键模块的部门,在这些部门中源源不断地向外输出着技术。

如今从百度AI的全面布局来看,王海峰建立的多媒体部,以及带领多媒体部所累积下的基础,可以说是确定了百度AI未来的发展轨迹。

中国人并未迟到：IDL与深度学习的晨曦

2019年3月，有"计算机界的诺贝尔奖"之称的图灵奖被颁发给了深度学习界的三巨头——Geoffrey Hinton和他的两位学生Yoshua Bengio、Yann LeCun。对这一奖项的颁发，业界常常用"守得云开见月明"来形容。深度学习从萌发到兴盛，走过了一段很长的路。

从概念上来讲，深度学习就是让计算机模拟人类的认知过程，从过往经验中提炼能力。让计算机模仿人脑机制，将对万事万物的理解过程分层，每一层都是对万事万物的一项定义，在由简及繁的层层定义之下建立认知能力。

深度学习有着极致的实用主义思想——在运行过程中，往往是准备海量训练数据，利用计算机的大规模运算能力去调节内部参数，使结果不断接近理想化。今天应用极其频繁的"卷积神经网络""循环神经网络""对抗神经网络"等算法，都隶属于深度学习范畴。

在20世纪80年代，深度学习概念的提出者Geoffrey Hinton已经在神经网络上进行了相关探索。但在当时不论是可应用的数据量，还是供给支持的算力都远不足够。直到2006年，硬件支持能力得以提升，深度学习的概念才正式横空出世，在学术界引起了极大关注。以斯坦福大学、多伦多大学为代表的高校开始建立相关实验室，投入大量人力和金钱进行相关研究。2012年，在著名的ImageNet图像识别大赛中，Geoffrey Hinton带领的团队利用深度学习模型AlexNet一举夺冠时，产业界也开始加大了对深度学习的关注。

在中国与深度学习的故事中，王海峰推动成立的百度深度学习实验室一定是一个重要的转折点。

如果比较百度与其他企业之间的差异，对于技术的敏感关注一定是其中重要的一点。虽然很多人对深度学习的第一印象来自2016年的李世石大战AlphaGo，实际上在2013年，王海峰就已经作为执行负责人协助百度创始人李彦宏创建了世界上第一家企业深度学习研究院。

今天的百度研究院，包括深度学习实验室、百度大数据实验室、硅谷人工智能实验室、商业智能实验室、机器人与自动驾驶实验室、认知计算实验室和量子计算研究所七个实验室。其中，深度学习实验室的前身就是百度深度学习研究院（IDL）。深度学习的发展前景，从一开始就被这家企业预见。后来，IDL成为百度研究院的一部分，改名为深度学习实验室，但其英文缩写IDL一直沿用了下来。

在做博士论文期间就开始尝试利用神经网络的王海峰，一直对学术层面的成果进展有着密切关注。在2011年，王海峰就已经感知到了在学界的密集耕作下，深度学习的应用性日益成熟。在清华大学内一次关于深度学习的研讨中，王海峰与来自清华大学、中科院自动化所等学术机构的学者一起讨论这一技术的现状与未来。最后得出的结论是，深度学习在产业界大有可为。之后，王海峰开始了百度的深度学习研究的筹备工作。

2012年初，王海峰带队正式启动了基于深度学习的语音识别的研发。当时，王海峰麾下负责这项攻关的，就是后来的全国劳动模范贾磊。王海峰至今还记得，在百度大厦二楼的西河会议室，王海峰和贾磊两个人讨论深度学习的情景，既讨论了基于深度学习的语音识别，也讨论到深度学习在其他领域的可能应用。就这样，深度学习在中国产业发展的齿轮运转起来了。后来的发展符合当初的预期，百度在2012年下半年上线了基于深度学习的语音识别，进而将其扩展到其他领域，同年上线了基于深度学习的OCR。

在将这些成果向李彦宏进行汇报之后，李彦宏也高度认可深度学习的发展前景，并认可在取得应用效果的同时，深度学习仍有很多基础研究工作要做。于是，成立深度学习研究院被提上了议事日程。2013年1月，百度宣布建立深度学习研究院，由创始人李彦宏直接担任院长，而王海峰则作为实际执行人协助李彦宏负责IDL的建立。在筹备过程中，王海峰完成了两项至关重要的奠基工作。第一是为百度深度学习研究院明确自身定位，让百度深度学习研究院专注于基础研究。第二是招揽研究人才，为百度深度学习研究院奠定了人才基础。

我们可以发现，这是两个非常"王海峰"的决定。

在一家科技企业里打造一个研究基础技术的实验室，需要管理者充分掌握和科学家共事以及企业管理两种经验，甄选出那些能够适应产业需求的人才。也需要熟练的学术目标管理能力，在学术的先进性和未来应用规划上寻找平衡。

至于收揽人才，就更需要发挥王海峰在学术界的影响力了。这些年来，加盟百度的科学家们都已在自身的研究领域有了一定高度，让他们从学界跨入产业界、从海外回到中国，对于这些科学家来说本身也是不小的挑战。

能让科学家们承担挑战选择加入百度，除了中国科技企业的崛起大势和百度自身的吸引力之外，和王海峰个人也有着密不可分的关系。

深度学习之于百度的作用，大致可被分为三个方向。

一个是贯穿于自身产品技术之中，例如最开始实验性地在语音识别、图像识别中应用深度学习，后期又通过布局自动驾驶实现整体AI赛道的全面铺设，在技术追求的道路上实现涡轮增压。同时利用深度学习对搜索、信息流、地图、翻译等百度业务进行升级，将技术领先转化为产品体验领先。

除此之外，还有对学术领域的不断冲击，储备未来三到五年有可能投入应用的基础技术。2019年世界知识产权组织发布了首份技术趋势报告，聚焦人工智能领域专利申请及发展状况。数据显示百度在深度学习领域的专利申请量尤为领先，全球排名第一的是中国科研机构中科院，第二名就被百度斩获。这些基础技术的累积正在蛰伏生长，为未来百度乃至中国的AI发展供能。

最后一个方向，则是深度学习的平台化和工具化。近年来百度陆续推出了中国第一个也是唯一一个功能完备的开源深度学习平台飞桨（PaddlePaddle），以及集成了多种AI算法的自动化深度学习训练和服务平台EasyDL等工具和平台，让百度AI在平台化的道路上迈出了重要的一步。

如此看来，深度学习可以说是百度在AI冲刺中的关键一程。而百度深度学习研究院的成立，是王海峰为百度冲刺AI过程中亲手搭建的补给站。

如果我们将百度在深度学习上的成就视为中国的成就，恐怕不能光靠百度自身如何利用深度学习来进行评判。从一家企业的技术布局，蔓延到一个国家在技术大潮中的定位，恐怕还需要观察者们从更深远的角度去看问题。

深度学习作为一种能够极大程度提升AI效率和应用性的技术，在普及过程中会面临许许多多的问题。在中国这样的发展中国家，尤其如此。

像是在基础研究的学术人才上，我们还与发达国家有着不小的差距。又比如深度学习所依赖的框架搭建能力、建模能力等等，对于普通企业来说还有着不低的门槛。包括深度学习想要良性发展，需要组建从平台到工具再到开发社区的整体生态，整个流程都是无比复杂的。

百度深度学习研究院的成立，不仅仅是帮助百度一家企业进行技术布局，也从某种程度上在更高层面解决了上述问题。

在人才角度，百度一直在国际上展现着中国科技企业对于深度学习科研的关注，源源不断吸引着海外人才回流。

至于飞桨和EasyDL这类平台和工具，则在不断降低着AI进入产业的门槛，在AI人才极度紧张的情况下，开放更多、更深入的AI核心能力，打造完整的AI开发工具链，帮助企业越过"AI人才真空"的问题，无须每一家企业都拥有一个"AI部门"才能应用上先进技术，用平台和工具的完善最终推动实现"Everyone can AI"的目标。

除了招揽人才和研发工具以外，百度也一直在通过开设"黄埔学院""AI快车道""百度AI加速器"等方式向整个产业和行业输出AI解题思路。

  人才优势、工具利器、生态繁茂。这三者不仅为一家企业所用,更是为整个国家所用。正因如此,我们才能理直气壮地说上一句:在迎接深度学习的晨曦时,中国人并未迟到。

大技术时代的思考方式：技术平台化发生于百度

关于一项技术的研究，放在学术界和产业界会呈现出不同的景象。好比在学术界中，来来往往的都是制造铅笔的同行，大家谈论的是"铅笔的制造工艺"：学者之间交换新的想法或新的研究方向，利用公式就可以彼此交流。可在产业界分工就要更加复杂，除了制造铅笔的人以外，更多的是"使用铅笔的人"：他们需要的不是学会如何制造铅笔，而是直接将铅笔拿到手中，去绘制丰富的图画——对于产业来说，这才是最终目标。

王海峰在百度成立起NLP部门后，在公司内部的运转模式上就已经体会到了这种需求差异。这种差异的出现，也是百度在向AI公司转型过程中的重要催化剂。

在成立初期，NLP部门所承担的大多是一些基础的技术支持工作。但对于百度这种业务体系庞大的企业来说，几乎每一个产品部门都需要来自语言、文字理解方面的支持，一时间NLP部门承接了海量的内部需求。很快王海峰就发现，大多数需求是普遍共通、不需要进行一对一定制的,如果能够打造一个技术平台,供公司内部需求自主调用,就可以在很大程度上提高效率。

在这一阶段,王海峰以及百度其他的技术人员就已经意识到,AI为产业带来的是普遍性的应用价值,百度一家企业内部尚且如此,推及更广泛的产业领域中更是不可想象。显而易见的是,产业应用AI技术的矛盾并不在于产业或技术两端,而在于中间的输送过程。面对产业的广泛需求,"手工打造"模式必然会被转换为平台化的批量生产。

就在这时,王海峰开始对百度的技术平台化进行了初步推动。第一步动作,自然是先打造技术平台满足百度企业内部的需求。

最开始在百度内部开放的,同样也是NLP部门最先取得进展的项目。先是开放了一系列机器翻译的API,然后将分词、情感分析、词性标注这些应用频率较高的基础算法集成起来,打造了后来的百度自然语言处理云平台NLPC。

随即王海峰又发现,不仅是百度内部员工,外部开发者也有大量相关的需求。于是他们开始尝试将NLPC向外界开放,果不其然,NLPC的调用率不断上涨。在技术开放过程中,NLP部门对外界的技术需求感知更加敏锐,他们清晰地了解到目前整个产业界正在渴求哪一类技术接口。同时在高频度的锤炼之中,NLP部门的AI技术能力通过不断的用户反馈得到了快速的增长。

除了NLPC,NLP部门开放的技术平台还有机器翻译API、对话理解平台UNIT等等。到2019年,百度NLP平台每天的调用量已经达到了数千亿。

在2013年前后,百度在机器翻译、NLP等领域所达到的成就几乎是高不可攀的，可以说在技术开放这件事上，是完完全全的"卖方市场"。

但对于王海峰来说，技术开放并不仅意味着一门生意，从社会层面来说，一个开放式平台的打造有着更高价值。人们常常将AI视作新一代的工业革命，如同蒸汽和电。但真正推动革命发生的，往往来自这些资源的易得性。每一家应用电的工厂，只需要拉来电线而不是重新发明电力，才能使得社会生产力真正得以提升。

在从学界到产业的不断探索中，王海峰发现了一个很有趣的问题，即"开源"和"开放"两个概念的异同。

在科技企业的开发者生态中，开源是一种很普遍的文化，开发者们彼此分享源代码，通过对代码的修改编译来完善产品。很快王海峰就发现，对于AI来说，仅仅开源是不够的。大部分渴求应用AI技术的产业中并不具备专业的技术人才，对于它们来说，需要的是一个操作简便的平台，提交数据后就能直接获得结果。如果能够为AI技术搭建这样一个平台，对于产业端的价值是不言而喻的。

于是在同一时期，他开始向前推进百度更大图景的技术平台化政策。

直到如今，我们仍能够看到百度技术平台化的第二步工作——不断打造可供产业全流程使用的平台和工具接口，深入细节场景，最终形成了我们所看到的百度AI开放平台。通过百度大脑开放软硬件产品与服务、专项解决方案、定制化训练平台和深度学习开放平台。其中既包括"人脸识别开发套件"这样软硬一体的服务，也包括语音搜索、人脸会员识别这样针对细节场景需求的技术。

尤其是深度学习开放平台飞桨，以及基于飞桨打造的定制化训练与服务平台EasyDL，这二者的存在，在中国AI产业化发展的蓝图上画下了重要的一笔。

通过这两个平台，百度开放的不仅仅是技术，还有AI生态的生长空间。AI既是充满波浪的海洋，又是一片亟待开垦的处女地。这时更加全面和开放的平台化发展就显得格外重要，通过平台化发展对合作伙伴和开发者形成虹吸效应，带来指数级增长。仅仅依靠百度自己的力量，很难将技术渗透到大量细化又专业度极高的场景里。想要实现这一点，需要百度将尽可能多的支持给予开发者和合作伙伴，再由他们向下继续播种。

得到支持的开发者和合作伙伴在各自跑马圈地的过程中，也把百度AI的旗帜安插在了更广阔的地方——AI技术的平台化，绝不仅仅是百度一家企业的发展战略，而是一场没有硝烟的静默战争。谁能更好地帮助AI走进各行各业，谁就能掌握未来世界基础"能源"的制造与输送。

从2015年以来，全球的科技企业都逐渐加快了AI技术平台化的步伐。在基础的深度学习开发框架上，谷歌率先推出TensorFlow后迅速获得开发者好评，海量开发者拥入，共创出了浓烈的社区氛围。随即在Facebook与微软联手，打通双方旗下数个深度学习开发框架，合作推出开源工具ONNX。

加上屹立于东方世界的飞桨，科技企业在AI技术平台化上三足鼎立的局面已然形成。开发框架仅仅是一个开始，云计算业务、芯片硬件、场景化的模型训练平台等等，都是它们的必争之地。

其中在AI方面有着显著先发优势的谷歌，就是其中的典型案例。谷歌正在通过推出AI计算芯片TPU、云端自动机器学习模型AutoML

等软硬件,把开发者维系在谷歌AI的整个大生态中。

不难发现,目前AI开放平台的战争趋势,如同提前"阻击"安卓——任何一家科技厂商都不再想看到安卓这样一家独大的底层系统出现,纷纷各自布局卡位,渴望去满足AI开发者的需求。尤其对于中国企业来说,参与这种阻击是非常必要的。底层操作系统如同土壤,供给于根系吸收营养,慢慢生长出商业生态的枝繁叶茂。这也导致了底层操作系统很难被更换,一旦更换必然伤筋动骨。

可替换性降低,主动权就掌握在了他人手中。如同现如今有关安卓系统收费的风吹草动能让整个世界敏感一样,AI的产业影响范围远比手机操作系统更广,更增加了AI开放平台的重要性。

如果以2013年百度开始推进技术平台化开放作为起点,那么AI开放平台的战争无疑是一场拉锯战,从语音、视觉、自然语言处理到深度学习,巨头之间不断利用新的技术工具进行加码。几年之间,也体现出了中国与海外的不同玩法。

如果把百度和谷歌作为两个典型,我们可以看到双方在开放路径上有着泾渭分明的区别。

相比谷歌率先推出深度学习开发框架TensorFlow,百度率先开放的则是NLPC、机器翻译API、UNIT等更具针对性的技术平台。等到2019年4月谷歌推出针对特定垂直领域的第一个人工智能解决方案谷歌云零售时,百度早已完成了智能零售、智能工厂、企业服务等多个垂直领域解决方案的布局。后期百度开放的"AI训练营""黄埔学院"等人才培育计划,则又回过头来补充中国AI人才的短板。

相较之下,海外的AI技术开放,往往把开发者视作最重要的标的——不得不承认的是,欧美国家的人才储备、开发文化对比中国相对占优。而中国的技术开放，则更注重于应用场景。某种程度来讲，更强大的经济活力、优质的移动互联网下沉基础，也构成了中国的AI应用优势。

在中国市场中，有海量的不同规模的企业，渴求着像接入电力一样获取AI能力。这一现状也帮助王海峰找到了百度AI强大的本土优势——丰富的应用场景。

在这样的前提之下，技术平台化为AI企业带来的红利，并不取决于决策本身，而更多在于技术平台化方向的制定。当大技术时代来临，AI技术的平台化绝无可能是稀缺资源，真正稀缺的，是平台化过程中的正确思路。

6

用AI重构搜索

今天,很少有中国人不知道搜索引擎。但是也很少有人知道,搜索引擎发展到今天都迈过了哪些障碍,翻过了多少崇山峻岭。2014年,移动时代风起云涌的当口,王海峰带着不轻的职责来到了新的岗位:他要用智能重构搜索。

润物无声：被AI改造过的搜索引擎

> 网络不会永远存在，但如何找到信息的问题将永远存在。
>
> ——机器搜索引擎之父乔纳森·弗莱彻

在中国互联网的历史上，"百度"二字自始至终都与"搜索"紧紧联系在一起。

2000年1月1日百度创立，起初只是作为搜索技术提供商向硅谷动力、新浪、搜狐等网站提供中文搜索服务技术和数据。2001年，百度作为搜索引擎正式上线，直接面向C端用户，独立提供搜索服务。

此后，中文搜索迅速成为百度的"主场"。百度只用了不到5年时间就占据了中国50%的市场份额。2005年，百度成功上市，创下中国公司单日涨幅纪录。此后更是势如破竹，2006年一举突破60%，2010年突破70%。2011年则凭借460亿美元的市值超过了腾讯，问鼎中国第一互联网公司的宝座。

当时的百度，可谓烈火烹油、鲜花着锦。但是决策层已经敏锐观察到，在移动时代加速到来、精细化运营和个性化体验成为普遍趋势的背景下，未来百度将要面临搜索引擎这个核心业务如何发展的问题。

在2013年一季度的财报发布会上，李彦宏宣布，百度进入第二次转型期，大手笔投入移动互联网搜索。在这次转型中，一个重要举措就是将百度储备的智能技术融合进搜索引擎。用智能化升级，加强用户在移动端的搜索体验。

王海峰接到转岗消息，是2014年的1月，春节前夕，王海峰正准备和家人去国外度假。接到消息后，王海峰便取消了假期。他的秘书姬然清晰地记得，距大年三十只有两三天的一个晚上，公司里几乎没有人留下加班了，整栋办公楼里大部分的灯都关着。王海峰发着烧，一个人关在办公室里，写出了一封给基础技术体系的"告别邮件"，他写道："虽然大家不再同属于一个基础技术团队，但大家都还在百度，还会为了'让人们最平等便捷地获取信息，找到所求'的使命而并肩奋斗。""写这封邮件时，我的心情五味杂陈，其中最多的是自豪和不舍。为咱们曾一起创造的一个又一个辉煌成就而自豪！为这样一个中国互联网最强大的基础技术团队而自豪！为曾经与这样一群优秀的小伙伴共事而自豪！"

从这封充满真情实感的告别邮件中，我们能看到王海峰对基础技术团队阶段性成就的认可。但企业在发展的不同阶段，总会需要不同的人才布局。在百度基础技术建设粗具规模后，对于搜索这项核心业务的升级改造，成了重中之重。

2014年春节前最后一个工作日，王海峰正式转岗至搜索业务群组任副总经理,负责搜索业务。落实到具体的任务目标,就是通过百度的智能化技术矩阵去改造和提升搜索体验。

据时任王海峰业务助理的吴甜回忆,在王海峰进入之前,百度大搜索部门本身也有一定的AI技术基础和雏形,比如自然语言处理,但都是以业务驱动的,基本上是搜索引擎系统需要什么技术就做什么技术。但像语义理解这样前瞻性的NLP技术,当时不是搜索业务的强需求,就没有从这个角度去考虑过。

那么,2014年到2017年整整三年时间,王海峰的"大搜索征程"是以何种路线行进的呢?我们可以从百度搜索产品的细枝末节中拼凑出一块完整的地图。

在PC端,想要建立一个好用的搜索引擎,就需要以分词、信息抽取、文本分类等各种各样的 NLP 技术作为支撑,来理解用户的输入(Query),清除掉重复或低质量的页面,从而建立一个高效的索引目录,每一步都不简单。到了移动时代,搜索引擎面对的挑战就更大了。

王海峰进入搜索部门之后,迅速确定了基本的产品迭代思路:最开始进行基础技术的夯实,接下来进行产品的智能化,同时在移动端方向上进行探索。

而今天我们在使用百度搜索引擎时感受到的种种差异性体验,都是依靠当时铸造的技术壁垒一点点实现的。

/ **影响最为深远的,应该要算搜索与知识的结合**

作为一个相对独立于深度学习的技术路线,王海峰推动打造百度知识图谱的初衷，就是为搜索提供帮助，让搜索结果更直观，更符合用户需求。他们将网页和用户搜索过程中的Query、点击、反馈这些信号都汇聚在一起，从中抽取到相应的知识。

到2014年，王海峰负责搜索业务时，百度的知识图谱技术已经积累得相对成熟了。技术和场景同时到位，结果可想而知。2014至2017年间，基于搜索跟知识图谱天然的强相关性，该技术在百度的发展非常迅速，围绕着搜索开展各种各样的工作，并一路支撑着百度搜索从最基础的文本Query，发展到图像、语音等的识别上。到2017年的时候，百度掌握到的知识图谱数据已经达到了千亿规模。

知识图谱对搜索业务的应用价值有目共睹。在百度搜索的最新功能中，可以通过对视频图像的识别打出语义tag（标签），这就需要借助知识图谱来完成对视频内容的理解和计算，再跟NLP算法进行结合，才能实现对视频的精准搜索与排序。这些用户最容易感知到的体验升级，都是基于知识图谱实现的。

第二阶段则是体验的智能化，王海峰带领团队持续将深度学习引入搜索引擎之中。

最为明显的变化是NLP技术的升级。AI对于用户Query和网页的理解，大大增强了搜索体验。语义的匹配不再是单纯的字面匹配，比如输入A，不是只要在文章里找到A就行了，而是会去延伸A背后的语义是什么，然后找出相应的结果。

举个最简单的例子，搜索某个明星时，百度会同时显示跟这个明星相关的人和新闻等等。这个今天我们已经习以为常的搜索体验，早在2014年就已经开始进行技术储备并埋下了伏笔。

另一个技术细节上的进步则是多模态交互体验的优化。即在文本之外，还能进行语音搜索、图像搜索和拍照搜索。比如2019年央视春晚中，有一个互动活动就是通过百度语音搜索来完成的。没有AI根本无法实现这种互动。

如果说2019年央视春晚是百度AI能力的"期末考试"，那么2014—2017年百度搜索引擎的智能化，就是考试前的"磨刀功"，包括怎样建索引效率更高，如何快速在上万亿规模的网页中剔除掉过时页面……背后都有大量机器学习的算法在支撑。

那几年大搜索部还诞生了一个新产品，就是连李彦宏都引以为豪的"度秘"，也就是搜索引擎版的智能助手（"小度"的前身）。用户不用在数十条结果里挨个寻找最精准的，而是由智能助手直接满足各种各样的信息及服务的需求。

值得一提的是，这些对搜索引擎至关重要的智能化技术，几乎都是在10年以前开始规划的。王海峰回忆，他刚进入百度时，在内部提出了一大堆技术，说要做"人工智能"，有的高管一听转身就走了，说"没感觉"。

但王海峰一直在坚持。

比如在语音搜索中，用户表达需求的方式不再是输入单一关键词，而是以更加自然的语言习惯去表达需求。有时候一次表达不清楚，还需要进行多轮对话。为了适应这个场景，2013年王海峰及百度NLP团队就开始尝试做移动端的语音对话技术。

在他看来，搜索引擎跟整个世界、用户不断交互的过程，也是走向通用人工智能的进化之路。

技术进化的终极方向，也是王海峰思考产品进阶的基本逻辑。那么，这一切对于百度来说到底有着怎样的意义呢？

回答这个问题之前，我们不妨先来回顾一下搜索引擎的发展历程。

到目前为止，搜索引擎的发展基本分为了三个阶段：一是雅虎的人工整理目录方式；二是由谷歌开创的机器搜索，主要靠爬虫采集海量数据、用户通过关键字检索；三是百度大手笔押注的通过自然语言进行检索。

雅虎从20世纪90年代兴起，当时互联网的数据很少，雅虎连基本的数据库存储都无法做到，需要大量的人工进行检索，这样的效率显然无法支撑海量的互联网访问规模。

接过搜索引擎接力棒的谷歌，很快就用机器收录代替了人工收录，向互联网散播了大量的爬虫，从一个网页跑到另一个网页，服务器对爬虫抓回来的信息进行分析，计算出网页谈论的内容和重要程度，然后静静在后台等待着用户输入相关关键字，再把它们呈现出来。

在很长一段时间内，这个模式无往不利。用户们发现自己不用再记住烦琐的知识和内容，只需要记住百度，就可以轻松成为一个"百晓生"。

同时，百度这样拥有自主技术研发能力的搜索引擎，还在不断优化自己的语言理解能力，通过一系列复杂的算法来为更高效地呈现有用的数据而努力。2012年，谷歌上线企鹅算法，打击作弊链接和低质量链接。百度也相继推出了石榴算法和绿萝算法，打击低质量内容页面，以及软文发布等低质信息。

而一些未能做到智能化升级的搜索引擎就只能敷衍了事，这点想必不少网友都深有体会，常常需要字斟句酌，不断猜测和更换关键词，但也未必能找到自己心仪的答案。

至此，国内搜索引擎市场以百度为首的格局形成。而当移动时代到来，搜索业务开始迎来了新挑战，连百度这样的行业领头羊也不得不枕戈待旦。

简单来说，移动互联网的兴起给搜索引擎带来了三个重要变化：

一是搜索习惯。移动互联网的用户时间非常碎片化，搜索也都是即时的需求，需要搜索引擎在最短的时间内给出最精确的结果，不能搜索时间过长，不能在一个屏幕之内给不出有用信息。这对搜索引擎的大数据挖掘能力、个性化算法、搜索性能等，都提出了更高的要求。

二是交互体验。PC端硬件只支持文本请求和少量的图片搜索，而移动场景中，能够解放用户双手、实现多模搜索的产品才是好的搜索引擎。

三是产业截流。移动互联网带来的另一个影响，是数据海洋的退潮。越来越多的社区开始对搜索引擎关上了大门，用户也开始倾向于从垂直产品中进行搜索，比如买书就去当当、亚马逊，吃饭就上点评、yelp，社交就上微博、推特，综合化的搜索引擎入口只能在数据孤岛隔离的沼泽中寻找信息。

可以说，王海峰加入百度大搜索业务部门的时候，面对的就是这样复杂的挑战，他需要带领传统的搜索引擎闯出一条新路。

某种程度上，百度对王海峰的预期，正是借助AI技术的引入，把搜索变得更自然也更高效。

和传统搜索模式相比，AI驱动下的百度"新搜索"拥有更为强大的自然语言理解能力，可为用户提供更多元、人性化的搜索体验。而另一方面，这种用户友好型服务也会反哺百度生态，海量大数据与智能算法能够生发出真正个性化的信息，将用户引导进更广阔的服务领域，而这正是百度新的想象空间所在。

可以说，王海峰在智能搜索领域的一系列工作，帮助百度完成了移动时代新入口的建造。而作为中文智能搜索的先驱，百度这个舞台也推动了NLP等AI技术的落地与发展。

2016年，王海峰当选ACL会士，这是当时全球范围内唯一一个来自中国大陆的会士，ACL给出了这样的评价："王海峰在机器翻译、自然语言处理和搜索引擎技术领域，在学术界和产业界都做出了杰出贡献。"

2014—2017年百度的第二次转型，即搜索智能化升级的成功，恰如其分地佐证了这个评语。

信息的另一种触达：百度信息流的诞生与成长

> 技术人员归纳总结了生命体和机器之间的逻辑规律，并一一应用于构造极度复杂的系统；他们正在如魔法师一般召唤出制造物和生命体并存的新奇装置。
>
> ——凯文·凯利

值得一提的是，王海峰负责搜索的那3年，除了智能搜索这个"拳头产品"，一些让百度"再次伟大"的关键胜负手，也被悄然孕育了出来。

用他本人的话来说，他先用4年时间把人工智能技术体系建立起来，然后在产品里局部应用。在2017年王海峰负责组建AIG之前，百度搜索业务已经基本变成了完整的智能系统。

为什么王海峰会用"重新开始"四个字来形容百度信息流产品的AI大改造呢？我们可能需要先将目光转回到2016年。

所谓信息流,指的是News Aggrerator(信息聚合器),即将各种来源的信息,比如用户的订阅、系统推送、社交动态、商业广告等等,以资讯的形式整合在一起。它的特点也很清晰:适合短内容(比如微博和推特),注重时效性(实时互动,类似朋友圈),极其重视分发能力(时间流+兴趣流)。

2017年2月6日,在一封百度的内部信中,李彦宏宣布将全力出击"内容分发",表示"内容分发是我们的核心,我们之所以能够存在,我们之所以很多业务能够做得起来,是因为我们有内容分发这样一个坚强的大盘"。这场行动的起点,是2016年下半年关键的信息流AI之变。

2016年6月,百度准备立项进行信息流产品的开发。但百度过去擅长的是"被动"的精准搜索,即用户主动输入,要什么搜什么,搜索结果比较稳定。而信息流则是一个完全主动的个性化产品,需要基于对用户需求的理解来重新设计一套系统。当时王海峰负责整个搜索技术产品,百度内部广泛认为项目交给他负责是最合适的。

据项目的参与者回忆,这个项目的时间非常紧迫。当时王海峰已经很少去盯一个具体的项目,但信息流项目,王海峰却盯到了每一个细节。从6月17日启动攻坚战到7月12日,仅花了25天时间,一个全新的个性化推荐的信息流系统正式上线。

关于这场信息流"闪电战",王海峰的印象非常深刻。他将快速上线归功于百度在人工智能技术与搜索领域的积累。当时虽然整个系统要从零做起,但很多基础能力已经具备。

最开始做的时候,王海峰要求团队把信息流当成一个没有Query的搜索引擎,用户的兴趣就是Query,智能推荐系统就是负责把相应的内容找来推给用户。这时，想要理解用户、理解内容，并将二者连接在一起，就需要用到自然语言理解、语义分析等密集的AI技术。

好在百度此前的基础技术平台已经完成了大规模的基础技术沉淀，包括各种基础的架构、数据等都有充分的储备，比如自然语言理解等技术模块都是现成的，稍微调整就能在信息流产品中应用。

此外，他还调配了一支精锐的工程师队伍，比如当时的信息流系统总架构师田浩，就是从NLP部门调过去的。精兵强将参与，很快就做出了效果。

"基于这样一套平台，长出来任何东西都很快。它是站在巨人的肩膀上。"王海峰这样评价信息流产品25天上线的"神速"。

为了让信息流能够真正实现"信息找人"的良好体验，百度技术团队主要做了三件事：

首先，是提升算法推荐的精准度。基于百度搜索多年的大数据积累、训练和迭代推荐算法，今天百度App首页的个性化推荐已经越来越精准，几乎不用点开其他多个垂直App就能及时获取最新资讯。

其次，搜索引擎与推荐引擎的结合，使得百度形成了特殊的行业优势。相比于"即用即走"、需要不断拉新获客的其他信息流产品，百度App基本能做到"有事搜一搜，没事看一看"。有数据显示，2018年第二季度，百度搜索结果首条直接满足需求比例达37%，同时超过1/6的搜索PV都覆盖高质量的视频结果。可以说，信息流业务与搜索业务相结合，"双引擎"一方面解决了信息流的用户黏性难题，另外也让搜索入口重获新生。

再次，在追求流量的基础上，王海峰及百度的AI技术团队也十分重视"信息茧房"问题，即信息流通过投喂信息将用户"囚禁"在固有认知中。百度希望利用AI技术真正把合理的、权威的、正确的信息传递给用户，而非单纯根据点击率等通过负面、猎奇、八卦等"人性茧房"占领用户时间。但是，想要从用户身上寻找到天然的共同点，往往从用户和内容两方面进行挖掘，这需要更强大的技术能力，进而洞察更加个性化的深层需求。

为了提升用户体验，百度探索出了"搜索+推荐"的双引擎模式，基于搜索优势，有效矫正推荐算法在用户需求分析上的偏差，结合百度大脑在自然语言处理、知识图谱等领域的大量技术积累，精准理解内容的兴趣倾向并为之加上标签，构建起跨越文字、图片、视频等的内容推荐体系，再结合用户的真实意图进行定向智能推荐，而不是在用户偶尔点开了几个明星话题后就一直推荐娱乐八卦。

这也是为什么，相比其他内容平台，百度信息流产品很少受到内容质量方面的诟病。

时至今日，百度App正如最早所期待的那样——从索引关键词的引擎，逐步过渡到索引知识的引擎；从人找信息，演变到信息找人。

而支撑这一切的，是人工智能深度学习算法的智慧程度。如今，百度大脑还在源源不断地为信息流输送着技术的养分，从小程序的场景化分发，到视频内容的语义识别，信息流与AI的故事还在继续。

现在看来，AI代表的无尽潜力，与信息流所代表的现实利润，不断碰撞出新的火花，自然也成为百度在移动AI时代最重要的一张"船票"。

一声"小度小度"背后的机缘

> 我们是实用主义者,而不是理想主义者。
>
> ——李彦宏

在一次采访中谈到AlphaGo时,李彦宏曾经说道:"百度最主要的资源应该放到那些更加有市场前景的方向上,而不是去做一个下围棋的机器人。"

百度小度助手的诞生和发展,可以清晰地说明这一点。

2015年的百度世界大会上,李彦宏现场演示了语音机器人助理"度秘",这也是小度助手的早期版本。在大会现场,李彦宏被度秘称呼为"厂长",用自然语言人机沟通的方式点了两杯咖啡,并成功下单。

与当时同为语音助手的微软小冰、苹果 Siri 相比,"度秘"不是传统意义上动不动被"调戏"、要求讲个笑话的消遣型机器人,恰恰相反，它有着更为清晰的"致用性"和岗位想象。

主打秘书化搜索，依托搜索及智能交互技术将用户连接到各种各样的服务上，"度秘"的核心奥义是加速和辅助"人与服务的连接"，这被看作是移动互联网时代的主旋律。比如"在鼓楼帮我订一家好吃的餐厅""餐厅附近有没有美甲店""适合小孩儿看的电影"等查询、推荐、预订等服务。

这样的生态服务野心和能力是由层层技术包裹起来的。最底层的是各种开放服务接口，比如地图、餐饮、教育等垂直服务；中间层是智能移动搜索，对全网服务数据进行挖掘和索引，建立丰富的标签，辅以百度强大的知识图谱，像餐厅能不能带宠物，房间有没有电视机，哪个明星去过，等等。而上述所有努力最终都将通过智能语音助手"度秘"为用户所感知，以自然智能的交互体验，将服务真实地传递到消费者手上。

语音交互的威力是显而易见的。2018年，百度发布了国内首款智能视频音箱"小度在家"，又联合创维、TCL、极米等公司将智能语音助手引入电视终端交互之中。至此，百度已经凭借"度秘"——现在被称为"小度助手（DuerOS）"——打下了AI+IoT的战略高地。

数据显示，2019年6月，小度助手月语音交互次数达36亿次。

那么，这声"小度小度"，是如何在百度被锻造出来的呢？

今天，小度助手可以控制数千万个智能家居设备，是百度AI进入现实世界的"敲门砖"。

但将时间拨回到2013年，王海峰负责的"基于框计算的新一代搜索引擎"项目在那一年获得了中国电子学会科技进步一等奖，其中的语义理解、语音搜索等技术都已进入大规模产业应用阶段。这也标志着,经过几年的努力,曾吸引王海峰加入百度的框计算已被王海峰发扬光大。那时的王海峰在思考,框计算的下一步是什么呢?或者说,搜索引擎的未来是什么样呢?王海峰给出的答案是如下三点:

一、无所不知:搜索引擎要能对用户的任何需求给出答案,不管是信息需求、应用需求,还是服务需求。

二、无处不在:用户应该能在任何需要的时候都可以方便地发起搜索,而不限于电脑或手机上的搜索框。

三、无障碍交互:用户应该能够用自然的方式与搜索引擎交互,不仅是文字,也可以用语音说出需求,或上传图片来表达需求,而且,也不限于一次性输入,而是可以通过多轮交互来澄清需求。

其中,第一点要依托百度以搜索为核心的生态,第三点依托的是王海峰团队已经有深厚积累的自然语言处理、知识图谱、语音、视觉等技术。而第二点,只有PC和手机上的搜索框是不够的。

于是,在2013年夏天,为了探索未来的搜索,拓展未来搜索的入口,王海峰悄然启动了两个硬件项目,智能蓝牙耳机和智能音箱。为此,王海峰还专门招来了一位资深的硬件工程师Charles。几个月后,百度大厦里出现了一小群总是戴着蓝牙耳机的人,随时对耳机说句话,就可以发起搜索并通过耳机听到结果。年底前后,音箱的原形系统也已基本成型。

那时,亚马逊Echo、谷歌Google Now、微软小冰等都还没有发布。

2014年初,王海峰转岗去负责大搜索,耳机和音箱项目未能随王海峰一起转到大搜索,留在了基础技术团队,几经周折后,这两个项目都未能继续。

2014年那一年，百度大搜索在王海峰的带领下突飞猛进，在团队甚至整个百度都为此而欢欣鼓舞的时候，王海峰的心里始终没有忘记对搜索未来的探索。到了2014年底，经过一年大搜索的洗礼，在之前认知的基础上，王海峰进行了进一步总结：像秘书一样的搜索。于是，王海峰在NLP部门启动了智能助手项目，并在2015年9月的百度世界大会上正式发布了度秘。

2015年以前，智能语音助手的技术成熟度不容乐观。当时拥有自主语音语义技术且提供服务的公司不少，比如Google（Google Now）、微软（小冰、小娜）、苹果（Siri）、百度（度秘）等等。在"听得清"这个语音识别的技术点上，各个公司的识别率大都在90%以上，在方言识别率、生僻词识别率上各有一套说法。准确率的差距以个位数计，用户在体验上很难感受到具体的差距。

既然技术上难分伯仲，那么背后连接的应用场景就很重要了。但当时，智能语音助手能够接入的服务和硬件十分有限，几乎就是定闹钟、播放音乐、发短信等传统功能的简单叠加，还不如触屏操作来得快，用户甚至需要手动触控才能启动语音助手。因此，这项技术的使用率较低，用户黏性也不高。

如何让智能语音助手从一项实验室的技术，进入真实的商业化场景，是整个行业迫切需要打开局面的现实问题。

但在王海峰看来，"小度"的成功，其实是一个水到渠成的过程。当时，他认为单一技术已无法满足应用需求，只有帮助人们更便捷、自然地获取信息并找到所求的交互，才能带动整个生态的发展，语音正是下一个关键的交互入口。

吴甜的回忆也佐证了这一点。当时，王海峰带领NLP团队向搜索这个产品的发展前沿去探索,认为智能化助手才是未来,于是催生了智能助手的一系列工作。

而百度之所以能够从技术角度进行突破,正得益于王海峰在NLP及语音领域多年的技术储备和积累。

吴华现在回想起来依然感慨万分。王海峰在建立NLP技术之后,很快就建起了语音、图像等技术团队。后者当时对于百度的重要价值尚未被广泛挖掘,但王海峰觉得必须要建,于是排除万难来做这件事情。

后来的结果大家都知道了——自然语言处理、知识图谱、语音、视觉、深度学习等全方位的技术积累,让百度有了人工智能领域的全面技术布局,并把最先进的技术运用在产品中。王海峰的布局在百度内部广受认可,这也与百度的AI致用之路不谋而合。

聚焦到"小度"身上,我们可以看到其中重要的技术升级。

首先是"听到",即精准识别用户对话。当时的语音交互对环境的要求比较高,在嘈杂的环境中很难发挥作用。

为此,百度的技术团队在声源识别、噪声抑制、回声消除、指令识别等技术上进行了一系列攻坚。

工程师们准备了十几万小时的仿真训练数据、数千套房间、数万组冲击响应函数、上万小时真实AEC录制数据、几十万小时的无监督声音数据,在云+端进行联动训练,最终打造了全新的语音识别引擎。

其中最具代表性和应用价值的成果就是基于远场的语音语义一体化技术。可以将远场交互中高频输入词的识别准确率提升10%,而基于Deep Peak2技术的多语种混合声学建模,则再次使中英文混合语音的识别准确率大幅提升,识别错误率比当时市面上主流的AI语音硬件低了20%。

落地到商业场景中,基于语音远场技术方案的"小度机器人人机语音交互点餐"系统已经在上海肯德基旗舰店等门店陆续投入应用,通过麦克风阵列前端处理算法,"小度"可以识别目标说话人3~5米距离的声音,智能语音助手真正开始在现实中与用户交流。

接下来的任务是"听懂"。想要让机器理解语言,结构化地认知知识必不可少。

王海峰将知识图谱技术带入百度搜索业务之后,百度很快积累了数亿实体、数千亿事实的知识,发展成为包含实体图谱、行业图谱、事件图谱、关注点图谱、多媒体图谱等在内的多元语义知识图谱。这为小度的语义理解能力埋下了重要的技术伏笔。

基于知识图谱技术,百度的理解与交互技术平台UNIT不断优化自身的语义模型,最终在智能音箱大战等关键的产业卡位赛中,让"小度"能够以接近人类的对话能力脱颖而出。

那么,高性能的自然语言算法模型反馈到用户端,又需要经历哪些淬炼呢?

长期以来,智能语音助手只能进行单轮对话,即每次启动都需要用户输入唤醒词,无法记忆用户的历史信息,也导致了语音助手对个性化需求的把握比较差。

想要让AI听起来像人一样,需要在语音合成与语序修饰上下功夫。百度的语音合成方案,简单来说就是基于中文识别与语义理解技术,结合WaveNet音库和拼接技术,打造出能够满足中文需求,并适合大规模应用的自然语音合成算法。

这种技术，有效解决了语音识别与语义理解时卡顿和延迟的体验问题，能够摆脱单轮对话的桎梏，和真人一样与用户进行多轮对话。

到了2018年的百度世界大会，"小度"就已经能够一次唤醒、连续交互，准确识别出用户说话时的犹豫停顿，并能够区分出哪些指令是首次唤醒。

至此，百度的语音和自然语言处理技术，在智能语音领域的竞争优势，已经阶段性地尘埃落定。

它的广泛应用，也让包括搜索、地图、输入法、信息流以及智能硬件等在内的一系列百度系产品，抢占了各个垂直场景的新交互机遇。

只需喊一声"小度小度"，就能够进行一次自然流畅的交谈（而非"交互"）——看似简单的体验与行业较量背后，靠的是一连串技术的积累和铺陈。

如今看来，"小度"之于百度最关键的意义在于三点：技术能力带来了用户体验的提升；解决方案意味着开发者成本的大幅下降；开放平台扩展了AI商业生态的想象边界。

对于很多开发者来说，AI语音交互应该如何搭建技术体系、如何设计产品、如何进行商业转化，都是重重迷雾。而开发门槛的高企，也让广大用户对语音产品只能浅尝辄止，并因为贫瘠的内容荒漠而将之摒弃。但借助小度助手，我们可以看到语音创新与用户之间重新连接的可能性。

如今，小度助手已经作为百度AI技术的代表和集成载体，走向前台，成为家庭智能场景的关键入口。在"小度小度"这个唤醒词身后，连接的是家庭AIoT硬件矩阵，以及上百个品牌、千家万户的智能家居梦想。王海峰及百度还在继续，用更强的对话理解模型、语义模型，更前瞻的对话技术等为"小度"以及背后千千万万的厂商和开发者赋能，给对话式AI以全新的想象空间。

王海峰在百度大搜索时期埋下的那粒"度秘"的种子，终于生长成一个蔚然成荫的语音交互AI森林。而站在语音交互未来背后的"小度"，也将是中国AI产业走向下一阶段的关键角色。

7 黄金时代的 AI

2017年,无论从任何角度评论,都可以视作AI产业史上一次伟大的复兴。而这次AI复兴一个不同寻常的地方在于,中国不再是看客,而是变身为参与者和推动者。中国AI风起时,第一名冲出战阵的骑士,叫作百度。时钟悄然被拨快,旌旗漫天,战鼓骤鸣。

大AI时代的掌舵者

> AI的发展最终还是要回到"服务用户需求"的本质,这是我们每一位人工智能的从业者都需要铭记在心的。
>
> ——王海峰

2017年,即使是中国科技行业中最迟钝的那个人,也明确感知到了新的风向:AI来了。

事实上,这场风暴已经酝酿了很久。从深度学习技术的提出和应用,到AlphaGo在围棋世界披荆斩棘,再到智能音箱和人脸识别在日常生活中的爆发,一场新的技术革命,从实验室蔓延到了全球市场。

这个节点,在近70年的AI技术发展史当中,可以被称作第三次AI崛起,它的影响到今天远远没有结束。

等到大风吹来才去造风筝,那就太晚了。从前面的故事中我们不难发现,百度已经用若干年的技术储备和产品实践,为迎接AI的全面绽放进行了充足的储备。而在2017年这个显而易见的机遇期，百度决定秣马厉兵，许下了"决胜AI时代"的目标。

既然时机已经成熟，AI开始从辅助技术变成了百度的"主菜"，那么这时首先要做的一件事，就是将百度多年积累、分别发展的各条AI战线整合起来。

而这个整合"大AI"的任务，又落到了王海峰的肩头。已经负责百度搜索业务三年的王海峰，被任命为百度新组建的AI技术平台体系（AIG）总负责人。本章，我们将探索一下被称为"中国AI天团"的百度AIG是如何炼成的。首先，我们要从AIG的起点说起。

成立AIG带来的变化，无论对于王海峰个人还是百度，毫无疑问都是深刻而充满挑战的。

对于王海峰来说，他不仅仅是要将原有的一个个独立的技术部门在物理上组合进AIG，更要让它们在技术上和管理上都发生化学反应，实现真正的融会贯通，组成一个空前的"AI技术军团"。

另一个挑战在于，AIG的定位，是既要确保百度AI技术全面领先，又要保证AI技术能全面应用落地，而且还要做到高效。不管是技术研发，还是应用落地，都要做到最高效。为了同时达成领先、落地、高效这些目标，AIG的工作囊括了基础技术研究、应用技术开发、技术平台、开放生态、产品运营、创新孵化等各个方面，其定位非常多元，人员组成也非常多元，对负责人的综合控盘能力是个巨大的挑战。

就这样，2017年3月，"AI黄金时代"的百度AIG正式出发了。这个组织基本整合了当时百度体系下的所有AI相关技术研发部门。包括自然语言处理、知识图谱、语音、视觉、大数据、AI平台与生态，还有前文提到的包括百度深度学习实验室、大数据实验室、硅谷人工智能实验室等在内的百度研究院。

AIG这艘战舰不可谓不宏伟，但是新船新航道，还是需要掌舵者小心翼翼地试探与调整，以便大船能够适应这个对所有人来说都并不熟悉的水域——AI时代。

AIG的整体战略思路是"技术赋能产品，产品牵引技术"，在百度的AI技术和产品之间搭建桥梁。而创立AIG之初的首要任务，是把原本相对独立的各条技术线，在思想上统一认识，在战略上统一规划。为此，王海峰在AIG发展初期，设定了AIG的三项基本任务，以此让整个AIG在战略层达成一致。

/ **巩固核心技术，把每项AI技术做扎实，并且保持敏锐的前瞻技术布局**

只有把核心技术真正做到领先，百度AI才能拥有长线的生命力。据说王海峰的要求是，每个人都必须要做出一部分行业最领先技术——只有单项技术强大而扎实，AI落地需要的"组合拳"才能打得漂亮。目前，百度AIG已经在语音、图像、自然语言处理、视频、增强现实、知识图谱、智能数据等多个AI技术领域完成了研发和开放的长期规划，并且开始进行技术融合与深化探索。

/ **用AI技术，全面支撑和优化百度业务**

在王海峰看来，AIG不是一个独立的学术机构，而是面向产业化和业务需求的技术平台,因此,让百度业务真正用到AI,用好AI,是AIG的核心目标。在AIG内部,对业务的需求能够平台化支持就尽量平台化支持,因为这样是最高效的。在持续支持业务需求的过程中,AIG的技术平台也日臻完善。对于技术平台暂不能很好支持的业务需求,AIG则要提供定制化支持。对于对业务的支持,王海峰对团队有这样一个要求:所有承诺的项目,都要百分之百交付完成,满意度要达到百分之百。两年发展过程中,AIG给百度搜索、信息流、地图、智能云、智能音箱、自动驾驶等几乎百度所有业务都带来了非常明显的改变。可以说,基于AIG的技术底座,百度所有业务都完成了不同程度的智能化升级。

/ 面向外部需求,进行AI的生态赋能、人才培养以及商业化探索

面对全社会各行业普遍增长的AI技术需求,AIG同时也肩负着让AI走出百度、走向大众,以及为国民经济培养AI人才、发展AI产业链和提升AI认知能力的任务。为此,除了对技术及百度自身业务的深刻理解,王海峰及其团队还需要真正理解行业、准确把握需求。经过两年的发展,AIG不仅构筑了中国最大的AI开放平台,实现了国内综合规模稳居第一,同时通过结合百度大脑AI开放平台与产业需求,孵化大量接地气的产业AI应用。

在人才层面,AIG发起了"燎原计划",即AI开发者扶植计划。经过多次升级优化,该计划已培养大量AI开发者,并探索了AI高级人才培养,以及产学一体化AI人才教育、AI标准化考试等多个领域,打

造了一套标准化、可持续发展的AI人才生态赋能方式。

在承载三大核心任务的"常规军"之外，百度AIG的另一个重要"兵种"是外界眼中颇为神秘的百度研究院。对这个百度的"特种部队"，身为AI科学家的王海峰更是青睐有加。短短几年，百度研究院即增设了机器人与自动驾驶、商业智能、认知计算、量子计算等多个实验室，并吸引了大批国内外顶级科学家加入，积极推动了百度在前沿科学研究方面的进展。

在初期布局完成之后，伴随着百度AI业务的整体进展，以及国家和社会对发展AI技术的迫切需求，AIG也迎来了高速发展期。进入2018年，AIG尝试在一些更前沿的技术上进行探索，各AI技术之间的化学反应也越来越成为常态。

事实上，真正的AI技术落地，必然要面临复杂的现实世界场景，这往往需要以往各自为战的不同AI能力高度协同、紧密配合，像人类同时可以听和看那样，更加智能地处理复杂问题。

AIG整合后带来的多技术协同发展优势，在这样的产业趋势中如鱼得水。比如2018百度AI开发者大会上发布的百度大脑3.0。这一版本的百度大脑，一大特点是核心技术发展到"多模态深度语义理解"阶段，展现了多种AI技术的融合趋势。百度大脑3.0版本，可以看作AIG技术发展的一个集成展示，为此后百度AI的发力点指明了方向，具体内容我们留到后面的章节再详细解释。

到2018年底，AIG迎来了另一次重要的架构调整，其中最吸引外界关注的是，王海峰同时担任百度人工智能技术平台（AIG）和基础技术平台（TG）的负责人。这意味着百度在基础技术领域的布局，比如系统、基础架构、安全、工程效率等技术部门，与AIG完成了完整会师。至此，AIG作为面向人工智能时代的技术基础设施，为百度和全产业提供人工智能底层支撑的定位更加明晰。王海峰团队在百度整体布局中的作战范围，再次升级。

到了2019年5月，李彦宏通过内部信，宣布王海峰担任百度首席技术官（CTO），同时继续担任AIG和TG总负责人。外界认为，这一方面反映出百度整体对AI技术的坚定信任，以及对王海峰及其团队的深刻认同，另一方面也反映出王海峰将担负起更重要的战略任务，在百度发展产业智能化的新路线担负更多责任。

AIG的变化还在随时发生。但是不难看出，从2017年到今天，王海峰在AIG的主要任务，是连续不断执行五个动作：一、整合AI技术与相关团队；二、加持百度业务体系；三、触发新场景、新机遇；四、远眺未来；五、开放生态。

在这次AI浪潮席卷而来之际，从王海峰个人，到AIG团队，再到整个百度，毫无疑问都做对了一件事：用超前的目光和超常的定力，去笃定一件必然发生的事。虽然它还遥远，虽然它还渺小，但真理必然会发现于未来的某个时刻。

在2018年5月，李彦宏宣布任命王海峰为高级副总裁。在晋升邮件中，李彦宏评价王海峰为"技术领袖及优秀领导者"及"变革的推动者，驱动AI技术商业化的楷模"。这个评价可谓是给AI时代的技术掌舵者画了一条"金线"，甚至说它是行业对"AI"这个概念真正标准的定义和期望，也不为过。

万物AI的萌芽：百度大脑的故事

上一节，我们讲述了百度AIG发展的主线，以及王海峰在这场AI变革中所承担的工作。接下来，我们可以切换几个视角，从侧面看看百度AIG这个听上去有点神秘的组织，究竟在做哪些工作。

如果说AIG的主要任务，就是"生产AI"，研发和探索各种前沿AI技术，那么与此同时，AIG还是"AI的搬运工"。它们担负着让百度和全社会都能用到AI、用好AI的任务。而执行这个任务的，就是百度大脑。

上一节我们提到过，若干年来百度已经积累了视觉、语音、自然语言处理、知识图谱、深度学习等AI核心技术。很早开始，百度对这些技术的态度就是不能私藏，一定要开放。只有更多的行业和个人能够便捷地应用这些AI技术创造价值，AI产业整体才可能繁荣，百度AI的价值才能得到最大化释放。

而当这些分别开放的技术发展到一定周期后，开始进行平台整合和统一开放，就构成了中国AI产业目前规模最大、能力最多、调用量最庞大的AI技术开放平台。当然，这个平台不是一天建成的。

2016年9月的百度世界大会上，百度大脑正式发布。百度正式宣布将对外开放AI核心技术。虽然当时只是完成了基础能力搭建和技术初步开放，但是作为全球为数不多的、对全社会开放的AI技术体系之一，它还是带给开发者非常多的想象空间。毕竟AI技术的最终目的是应用，而绝大多数希望应用AI技术的企业都不可能像百度一样从头开始研发AI技术。能站在百度的肩膀上进行技术和应用创新，这对刚刚兴起的中国AI产业来说是一个重要利好。

而王海峰真正全面负责百度大脑，是从AIG开始组建的2017年3月开始。到2017年7月的百度AI开发者大会上，百度大脑2.0正式发布。在AIG团队紧张的工作下，外界看到这一版本的百度大脑，在纵横两个层面都有巨大的升级。

纵向层面，百度大脑2.0所开放的技术完整性得到了极大的加强。它开放了包含基础层、感知层、认知层和平台层在内的完整AI技术体系，让所开放的AI能力可以适应各种需求场景和行业应用。横向层面，百度大脑2.0开放了语音、图像、视频、增强现实、自然语言处理等60多项AI核心能力，让AI赋能开发者和行业应用有了足够多的技术支撑。

而在2018年7月的百度AI开发者大会上，百度大脑宣布升级至3.0。所开放的核心AI技术达到110多项，形成了从芯片到深度学习框架、平台、生态的AI全栈技术布局。更引人注目的是，百度大脑3.0将多种AI技术深度结合，这是个非常具有前沿性的话题。

百度大脑3.0的核心技术突破是"多模态深度语义理解"。这项由王海峰亲自组织研发的技术，不仅让机器听清、看清，还可以理解其背后的含义，从而更好地支撑AI应用。

这项技术的特点，是将不同模态上AI的能力进行了融合。比如其中的视觉语义化技术，可以让机器从识别视频，提升到看懂视频的高度。举个例子，在零售场景中，摄像头可以通过视频语义化来直接理解顾客的行为动作，比如顾客选取了哪些商品等等。这样顾客就无须再经历复杂的识别条码、刷脸等流程，可以真正地拿起商品就走。

另一个多模态深度语义理解的技术应用，是语音语义一体化带来的。一般来说，AI从语音识别，到语义理解，是需要分层进行的，这会给用户带来很大的滞后感，影响识别和理解的效果。比如在使用语音导航时，我们必须要简单明了地说清楚导航目标，假如我们的导航需求比较复杂，或者我们也不太清楚具体的地名，那地图中的AI就会难以理解或者反应迟钝。而在百度大脑3.0的加持下，百度地图已经可以听懂像绕口令一样的导航需求。这背后就是语音语义一体化技术带来的改变。

至于一年之后，2019年7月的百度AI开发者大会中，百度大脑又进一步跨越式地升级到了5.0。百度大脑5.0不仅语音、视觉、语言和知识等核心算法都得到了再次突破，而且在算力方面也达成了多方面突破，成为软硬一体的AI大生产平台。

在三年左右的时间里，百度大脑经历了高速的进化和迭代。据吴甜回忆，在百度大脑飞速发展的背后，除了主导技术方向及支持内部业务，王海峰还在三件事情上起到了决定作用：

一、确定前进方向和前进模式。

在AIG成立之初，核心能力通过平台对外开放这件事虽然已经确定，但是到底要开放哪些环节，到底要做到什么程度，投入多大精力，其实还需要大量的细节决策。而王海峰则认为，AI核心技术开放是未来大势所趋，是一个必须坚定不移投入的方向。所以他一直在坚定地推进平台及其生态工作,使百度大脑有了不断加大开放力度这个清晰的定位。王海峰还在AIG内部专门成立了一个部门,来执行百度大脑的开放生态工作,制定了相应的目标定位,并配给了充足的资源。事实上,一个新的开放平台概念,并不仅仅是技术过硬就可以融入各行业的,必须在生态建设上有足够的投入。

二、深度的生态探索。

在将百度大脑推向社会、推向各行业和千万开发者的过程中,AIG团队很快发现这样一个问题:每个人都在期待AI的产业化,但事实上各行业自身的人才储备,包括今天想要进入这一行业的年轻人,并不一定具备能够应用AI的技术能力与技术经验。而且,AI产业化的过程,并不是一家企业简单调用百度大脑所开放的技术就能完成的目标,而是一个包括百度在内许多企业合力、全产业链配合而共同完成的目标。

在这个庞大的分工合作进程中,百度的位置在哪里?王海峰决定在百度大脑平台基础上进行生态的拓展,做一个"发动机"——通过全方位的支持,让百度大脑连接的产业上下游能够连通起来,形成完整的产业链。比如说一个AI项目的落地,可能需要方案设计、商业咨询,接下来需要数据标注团队的帮助,再接下来可能需要算法开发和硬件配置等来完成落地。围绕百度大脑生态,这些企业、团队和个人可以更快更准确地找到彼此。围绕百度大脑,目前AIG已经建立了多种技术生态、人才生态、市场生态的长期建设机制,这也让百度大脑不再仅仅是个技术工具箱,而是同时具备了生态组织和产业综合体的职能。

三、推出定制化AI能力。

通常来说,一个技术开放平台对外输出的都是API,也就是把不同的技术能力通过接口进行对外输出。然而在产业化落地的时候,通用

API往往不能解决所有问题。这就像我们在日常生活中，有时候有了工具箱并不够，还需要能熟练使用工具的师傅来帮忙。

这某种程度上是个"成长的烦恼"，但百度决定面对它。围绕百度大脑，AIG团队不断推出定制化AI功能，培育了大量"工匠"，甚至不少都有国际知名度。比如在智能对话层面，百度大脑推出了UNIT智能对话系统。面对企业应用AI的技术门槛问题，AIG推出了EasyDL，这个工具可以让不懂AI的企业也能很简单就生成一个深度学习模型，快速投入应用。

不难看出，在战略走势上把控百度大脑，并不仅仅是做好技术和开放那么简单，还需要负责人从各行各业的实际需求出发，从各个维度构思百度大脑的工作。而由于百度大脑的厚积薄发和独特的开放应用价值，这一平台也很快获得了认可。比如 "百度大脑核心技术及开放平台"获得了2018年度中国电子学会科学技术奖科技进步奖一等奖等多个奖项。截至2018年7月，百度大脑实现了每日调用量超过4 000亿次。而到了2019年10月，这一数字已破万亿。万物AI的构想，正在百度大脑这颗产业心脏的基础上有力跃动着。

目前，百度大脑技术已经与金融、零售、制造、交通、机器人、农业等行业进行了深度结合。很多我们意想不到的领域，背后都蕴藏着百度大脑的身影。

比如在农业领域，有企业与百度大脑合作，实现了农业遥感的智能监测系统。通过百度大脑的AI能力，能够有效实现对农作物的智能化监测，并完成精准施药，使农药使用量降低了50%。

而在工业领域，有地板厂商通过上面提到的百度EasyDL 定制化训练与服务平台，结合工业摄像头，让原本耗时耗力的地板质量检测及分拣环节，实现了完全由机器替代，生产效率提升了一倍。

在我们密切关心的健康领域，基于百度大脑所提供技术的AI眼底筛查一体机，可以帮助患者快速地筛查包括糖尿病视网膜病变、青光眼、老年黄斑性眼病等多种眼底疾病。目前，机器的筛查准确率已经相当于有10年以上经验的眼科医生。

总体而言，向各行各业输出AI技术与能力的百度大脑，要面对三个目标：首先，百度大脑的能力要被应用在更复杂的场景中，尤其是产业应用场景，需要深度融合的AI技术和高标准的算法稳定性；其次，AI要能够进入各行各业，要求开放的技术足够多，定制化能力足够强，能够支撑起各种意想不到的行业需求；再次，AI技术要能够让任何人都用得到，这就需要生态的力量，帮助开发者找到资源、学习技能、结成产业链。百度大脑的燎原计划、黄埔计划、AI加速器、AI市场，不断在人才培养、产学研一体化、产业合作等方面加深生态探索。

让各行各业都能用到AI，用好AI，让AI带来价值，在今天看来依旧是任重道远。但不妨将百度大脑看作这个宏伟目标的一个萌芽，一道已经被打开的AI之门。

AI时代的操作系统：飞桨航行记

> 未来只有两种公司，有人工智能的和不赚钱的。
> ——TCS《全球AI发展趋势报告》

AI在社会生产中的作用正在与日俱增。从国家战略到各行各业的应用实践，无不证明AI在提高生产效率上有着出色的表现。

但是一个技术产业的全面发展，无法离开技术基础设施的巩固和不断发展。比如说今天每个人都知道芯片对于国家科技产业来说多么重要；再比如说智能手机时代的操作系统之争，由于国内企业没有拿出自己的操作系统，导致国产品牌手机必须使用谷歌的安卓，从而引出了大量是非曲直。

在AI时代，像芯片和操作系统一样重要的东西，叫作深度学习框架。

一家企业想要应用AI技术，有若干种方案。如果只是非常简单地应用，可以直接用通用API接入自己的场景需求。但是面对更复杂的情况，企业和开发者需要自己定制一个深度学习模型，那么就必须在深度学习框架上完成开发和训练。

某种程度上来说，深度学习框架就像编程时用到的编程语言，同时它也直接连接计算和应用，类似于AI模型的操作系统。

最开始的时候，深度学习框架仅仅是科研人员因为研发需求而编写的系统。早期的caffe等框架，都诞生于大学实验室中。而随着深度学习地位的不断提升，企业甚至国家经济体，开始将深度学习框架视为像芯片、操作系统、数据库一样的战略资源。而值得庆幸的是，这次中国科技产业并不像往常一样，必须依赖"进口产品"。在百度旗下，王海峰和AIG团队，将飞桨这个纯粹中国底色的深度学习平台发展壮大。

某种程度上来说，飞桨让中国科技界终于摆脱了必须在底层系统受制于人的尴尬。因此它也被称为AI领域的"国货之光"。

深度学习框架的重要性，我们可以从谷歌对AI的探索中略知一二。今天谷歌的云计算、硬件、语音助手、AI行业应用等业务，全都嫁接在其深度学习框架TensorFlow上。谷歌、微软、Facebook等几大科技公司，都在用尽所能来推广自己的深度学习框架。

或许有朋友会好奇，既然欧美已经有了比较完整的深度学习框架，那我们为什么不能直接使用呢？事实上，系统地来看这个问题，我们也会发现中国AI开发者不能离开自主品牌的深度学习框架：

一、产业应用需求不同。

相比于美国，中国对AI开发这件事的需求其实有很大不同。比如说传统企业多、开发者的应用需求大、商业期待迫切、开发人才处在发展阶段。相比于前沿探索类的开发，中国开发者更需要深度学习框架提供高效、灵活的开发方案，以及快速部署、弹性学习的能力。这些因素当然是远在天边的欧美开发平台不会考虑的。比如偏底层的TensorFlow，就需要开发者考虑大量细碎问题，但飞桨就更好地兼顾了高层开发，强调开发者可以尽快投入应用。显然，只有深谙中国开发者需求和中国AI市场环境的平台框架，才能有针对性地为开发者提供价值。

二、中国AI无法离开中文。

我们知道，AI的一个重要领域是自然语言处理。那么未来在中国市场应用的，必然是基于中文的AI开发。但国外主流开发框架普遍都对中文的自然语言处理需求优化得不够，也缺乏中文的应用场景和数据集。如今来看，开发者想要开展这方面的工作，几乎必须依赖飞桨这样的国产框架所提供的深度学习技术及相应的数据集和文档。

三、产业及国家安全风险。

欧美的主流深度学习框架，已经不止一次爆出重大安全漏洞。专家评估，类似的漏洞完全可以影响甚至摧毁所有基于该平台开发出的AI模型。需要注意的是，作为新一轮科技革命和产业变革的重要驱动力量，AI已渗透到国家事务、社会运行、企业生产及人民生活的方方面面，这些如果都在国外框架中开发运行，那么安全风险不言而喻。从这个层面来看，百度开源飞桨这类的举措，也是为产业及国家安全提供了更妥善的深度学习技术方案。

四、科技领先的挑战。

据了解，国外巨头开源的深度学习框架，基本都不是其拥有的最先进的版本。也就是说，开源社区里的版本，与国外巨头掌握的最先进版本，是有代差的。如果我国人工智能科研及产业应用都基于这样落后的版本开展，我们的科技领先也只能是句空谈。

早在2013年，为了解决当时主流开发框架仅支持单一GPU，无法进行大规模数据处理的问题，百度就开始研发自己的深度学习平台飞桨。经过长期内部应用后，在2016年正式将其进行开源。这也让百度成为继谷歌、Facebook、IBM之后，全球第四家、中国第一家开源深度学习框架的科技公司。

2017年开始，王海峰开始在AIG内部，给予飞桨更强的资源支持和发展推动，并在这一年发布了飞桨核心框架Paddle Fluid。

随后，飞桨不断进行重大升级。2018年，百度调集"精兵强将"，成立了专门的深度学习技术平台部（DLTP），全面负责飞桨的升级发展。DLTP的成立，也意味着飞桨彻底从研究院体系独立出来，成为与NLP、语音等技术部门并列的面向大规模产业应用做技术研发的产业先锋。同年，飞桨3.0升级为全面的深度学习平台。

而到了2019年，飞桨的升级步伐又一次明显提速。在首届WAVE SUMMIT深度学习开发者峰会上，飞桨宣布升级了11项新特性及服务，包含PaddleNLP、视频识别工具集、Paddle Serving、PaddleSlim、AutoDL Design等多种深度学习开发、训练、预测环节重要技术。

在王海峰的大力支持下，如今的战略规划中，"飞桨"所处的地位已经与早年实验室中完全不同。

作为国内唯一功能完备的深度学习平台，飞桨包括核心框架、基础模型库、端到端开发套件、工具组件和服务平台五大部分。在核心框架层面，它可以提供开发、训练和预测一整套的技术能力；在此基础之上，又提供了包括视觉、自然语言、语音等在内的丰富模型，形成完整的模型库，通过模块化的方式提供给使用者。除此以外，为适应工业大生产阶段的"标准化、自动化和模块化"，飞桨还提供了面向产业应用的端到端开发套件，包括迁移学习、强化学习、自动化网络结构设计、联邦学习、多任务学习、图神经网络、训练可视化工具、弹性深度学习计算等在内的工具组件。而在服务平台层面，飞桨则提供了零基础定制化训练和服务平台EasyDL、AI开发实训平台AI Studio和端计算生成模型平台。

也就是说，今天的飞桨已经成为一个能够支持产业智能化、AI进入工业生产环节的全套平台——也即产业智能时代的操作系统。

在深度学习向产业化渗透阶段，各行各业发展AI技术的基石，就建立在完整的深度学习平台上，并且需要它能够适应工业大生产环境，具备端到端的AI系统开发与支撑能力。

而从开发者和业内专家目前对飞桨的评价上看，这一标准基本已经能够达成。即使与欧美主要深度学习框架相比，飞桨也已经展露出了几大独特价值：

首先，在开发者需求的核心特性上，飞桨已不落后，比如说它的快捷流畅一直深受好评，在RNN算法上其速度比国外主流框架快1～2倍，而且占用的显存资源更少。

其次，飞桨相对来说更适应AI场景化落地的需求，其最开始就是为了解决大规模集群计算问题而生。所以相比其他开发框架，飞桨能给予开发者更多的可伸缩性与灵活性。比如其支持多种集群框架，可实现GPU集群资源的动态分配。这样开发者会更快上手，更加容易贴近模型的应用化。

值得一提的是，今天的开发框架竞争绝对不仅取决于框架的技术因素。更多时候开发者要看重平台的生态性、应用度以及商业前景。而在生态与商业价值层面，百度也给开发者提供了足够优质的选择。围绕飞桨，百度AIG搭建了与开发者的紧密合作网络，在人才教育、培训与产业孵化上带给开发者充沛的生态优势。

接下来的产业智能化道路上，已经具备一定优势的飞桨，需要在成为产业AI基础设施、扩大开发者生态以及工业级应用的技术上投入更多精力。目前飞桨已经开源70多个经过真实业务场景验证，达到工业级应用效果的模型，各项AI技术被广泛应用于多行业的生产。

隐藏在飞桨背后，是AI时代工业大生产AI基础设施的目标。再向背后看去，是百度和中国AI热忱期待的未来。正如王海峰给予飞桨的定位——中国自己的"AI时代操作系统"，让AI技术成为国民经济与各行业的核心生产力！

科学家之间的惺惺相惜：百度研究院再出发

> 我要做的只是以我微薄的力量为真理服务。
> ——阿尔伯特·爱因斯坦

在前面的章节中，我们已经可以理解AIG发展过程中蕴含着这样一个趋势：百度需要将不同时期、不同目标下发展出的AI技术进行整合，集成为架构统一的体系化AI平台。

而在整合过程中，有一个关键问题来到了王海峰面前，那就是百度研究院如何融入AIG。

前文中，我们已经讲述过百度在2013年初，成立了世界首个深度学习研究院IDL。接下来到2014年，百度又陆续成立了大数据实验室BDL、硅谷人工智能实验室SVAIL。这几个实验室构成了在百度体系内，负责前瞻性科学探索研究的研究机构——百度研究院（百度研究院成立后，IDL改名为深度学习实验室）。

在负责AIG业务的同时，王海峰也兼任百度研究院院长一职。而他所面临的问题，是如何梳理业务体系内AI技术探索与研究院相关研究的关系，组合成为更高效的体系。

事实上，这个问题将在未来很长一段时间内成为中国企业必须面对的挑战。随着企业智能化、数字化程度不断提升，产学研一体化成为客观趋势。企业内部设置前瞻性学术探索机构也将成为一种趋势。但是如何让企业中的学术组织真正发挥作用，而不是沦为企业的附属品呢？

从王海峰与百度研究院的故事中，我们可以看到关于这个问题的一些思考。科学家是为真理服务的，但在企业语境下如何让科学家发挥价值，建立企业价值与科研探索之间的平衡点，其实是一门不小的学问。

吴甜认为，王海峰在负责百度研究院工作后，首先做的一点是给研究院与业务部门之间设定了更清晰的角色分工。我们知道，百度研究院最早是各实验室独立创建的，且地跨中美两国，各实验室的定位和目标并未对齐，研究领域也难免存在彼此重合，且实验室与各研发部门间也存在工作重合的现象。王海峰负责AIG整体工作后，首先是明确了研究院与技术研发部门彼此的工作范围边界。将前瞻性、探索性的研究放在研究院，和具体产品应用与工程化相关的工作则留在AIG各技术研发部门里。于是，研究院和技术研发部门之间有了明确界限。在这条界限之上，再讨论二者如何沟通合作才会更有效率。

在王海峰看来，百度研究院里的科学家不应该是不问世事的"扫地僧"，而是应该成为百度AI技术的先锋官，承担为大部队探索道路、指明方向的任务。

于是他为研究院设定了这样一种工作模式：研究院中的每位实验室负责人、知名科学家，都独自带领一个不大的团队，分别负责一个前沿方向的攻坚。然后他们的研究成果再由技术研发团队进行转化和落地。这样的模式，既保证了科学家的独立思考与探索权力，同时也确保了探索价值能够最高效地为百度和亿万用户所用。不同团队之间也对自身任务与权责有了明确的理解。

而在理顺工作模式之外，王海峰为百度研究院带来的另一个改变，来自于他本人对学术界的理解与热忱。采访中，很多百度研究院的科学家对我说，王海峰个人在全球学术界的影响力与学术视野，客观上构成了百度研究院加速发展的推助引擎。

2018年1月，百度研究院宣布设立商业智能实验室BIL、机器人与自动驾驶实验室RAL，并宣布人工智能领域三位全球知名科学家Kenneth Ward Church、浣军、熊辉加盟百度研究院。到2018年11月，百度研究院又宣布成立顾问委员会，九位世界级科学家担任顾问委员会委员。2019年，百度研究院再度迎来两位世界级科学家：著名的计算机和大数据理论领域专家、密西西比大学前校长、计算机教育界知名人士Jeffrey Vitter；量子密码学的共同发明者之一、牛津大学终身教授、新加坡国立大学量子技术中心主任Artur Konrad Ekert。至此，百度研究院已构成了七大实验室加强大顾问团的鼎盛阵容，覆盖技术领域也得到了大幅扩展。

可以想见，如果百度研究院的领导者没有深刻了解学术界动向，以及科学家们的需求和目标，这样高速聚拢顶尖人才是几乎不可能的。

上文提到的浣军博士，他加盟百度研究院前后的故事，可以视作百度在进行内部产学联动的代表性案例。

在加入百度前，浣军已经担任美国堪萨斯大学终身教授、博士生导师，曾任美国国家科学基金委项目主任，主管大数据领域。他长期从事数据挖掘和机器学习的理论、算法和应用的研究，研究领域涉及大数据、生物信息学、药物基因组学等。可以说已经在AI领域成为著作等身的世界级科学家。

这样一位科学家，选择从美国名校加入中国互联网公司百度，显然在职业追求上有自己独特的思考。

浣军表示，由于AI技术的独特性，今天全球范围内高校学者去企业任职，已经成为明显的趋势。这个趋势的深层原因之一，在于这个领域的科学家确实普遍发现AI研究的优质舞台还是在企业中。客观来说，高校中相对缺乏算力资源，也缺乏AI研究必不可少的数据资源。无论是王海峰还是浣军，在采访中都认同这样一个观点：做研究总是希望能够去最前沿的地方，科学家的真正期望，是能够学以致用。

在浣军看来，百度在AI时代的高歌猛进是十分令人瞩目的。首先，在"决胜AI时代"的目标下，一家几万人的企业转型AI是十分不容易的。这需要自上而下、自下而上的决心、方向与执行力。这些因素能够引发AI学术界人才的共鸣。其次，百度的业务体系与产品矩阵，确实构成了从学术研究、到技术与产品，再到亿万用户的完整链条。这是科学家们需要的机遇。再有一点，百度的全球人才视野在中国科技公司中令人瞩目——开放与全球化，也是顶级学术人才加入一家公司时的重要考量。

基于这些观察，浣军在2018年1月加入了百度。而无论在加盟百度前与王海峰的交流，还是加盟后的合作，都让他感觉到王海峰有两个特质：一个是具备学术领域的前瞻性视野，另一个是具有强大的执行力，对研究、技术与产品具有完整的把握。这些因素既保证了工作可以快速展开，又让双方沟通没有障碍。

于是，在近乎没有磨合期的前提下，浣军团队快速进入了工作状态。

加入百度研究院后，浣军负责的是大数据实验室。但在他看来，"大数据"仅仅是个名称,其内涵是一直在变化的,尤其在AI技术本身快速发展变化的今天。为此,他与王海峰进行了长谈,双方都认为首先应该在广泛的大数据与AI领域中确定一个大方向。而这个方向一方面必须具备前瞻性和长期探索的可能,另一方面要对百度的技术产品提供实际的支撑。这就是所谓研究要顶天,技术要落地。

AutoDL被最终确定为接下来浣军团队的主攻方向。所谓AutoDL,即自动化深度学习。我们知道,AI技术对于广大普通用户和企业来说是具备技术门槛的。就像不可能让每一位司机都重新发明汽车,AutoDL需要做的是把算法模型高度集成化。让深度学习自己设计自己,从而让并不具备高级技术能力的企业和行业也能轻松应用AI。

这个概念最先由谷歌提出,随后很快成为产业界与学术界高度关注的领域。在王海峰与浣军确定这一方向时,还没有中国AI公司启动同类项目。

在确定了方向之后,浣军团队首先开启了全球人才引进,紧接着确定了与百度AIG技术部门、产品部门的合作关系。浣军回忆说,这期间,王海峰给予了非常具体的指导,让新方向与既有的百度技术研发体系、人才体系得以高速达成配合。

到底有多高速呢?浣军加入百度之后3个月,王海峰正式立项了百度AutoDL项目。到2018年7月第一次发布,中间仅仅间隔了3个月。

值得注意的是,超快速完成的百度AutoDL,并没有附带赶工的痕迹。在神经网络结构搜索领域,人类专家最高的准确度是97.1%,而谷歌在2018年1月发布的AutoML产品准确率能够达到95%左右,后来进一步提升到了97.6%。而百度AutoDL从第一版就达到了98.01%。自诞生之日起就超过了人类纪录和行业内最好成绩,在这一关键领域百度具备了跟国际巨头科技公司正面竞争的能力。

如此好的成绩，当然来自浣军团队的研发能力，以及日夜相继的工作状态。同时百度技术研发团队也给予了高度配合，才能迅速将研发成果部署到工业生产环境。

同时，浣军认为，如此高效推动一个新项目的研发、落地，与王海峰的管理能力和学术视野是分不开的。首先王海峰从立项、招聘人才到推动不同团队间的合作，做出了时间节点上极具行动力的配合。而学术视野则保证了王海峰与具体研发团队之间的高效率沟通，同时对这一项目在产业应用、生态合作方面的价值做出敏锐判断。

在整个合作过程中，王海峰展现出的几个特质令浣军印象深刻。首先是王海峰能够做到对请示、汇报以及建议"秒回"。对于数千人团队的管理者来说，这显然是非常难以想象的。另外，王海峰表现出的乐观和幽默，帮助具体技术与产品团队化解了很多压力。在高强度工作以及对新技术必然带来的不确定氛围中，领导者的"正能量"格外重要。

整个故事下来，我们或许可以理解为什么世界级学者往往更倾向加入百度，而百度的AI人才则哺育了中国科技产业。这与一家公司的文化氛围有关，也与其带头人的眼界、洞察力以及产学融合能力密不可分。

今天，很多企业都在学习和模仿百度研究院的体制，希望构建更紧密的产学联动关系。而从百度研究院自身的发展逻辑上，我们可以看到其不仅表明一种企业模式的成功，同时还蕴含着一套合理的沟通与管理体制，包含着产业对科学的尊重，内行人对内行人的理解，以及科学家之间的惺惺相惜。

一个伟大的时代一定有伟大的公司。如果AI确实是这个伟大时代的标志之一，那么身处其中的伟大公司，一定是以尊重和理解科学为前提。

AI者联盟：智能纪元中的产业生态

在AI加速落地、走向产业化的进程中，还有一条规律广为人知：AI作为一种底层通用技术，它涉及硬件层、系统层、开发层、应用层等多个技术流程，涉及算力、数据、算法等多个技术单元。某种程度上来说，由于技术流程和应用流程都十分复杂，AI是一种必须由产业生态来推动和发展的技术，任何一家公司都不可能独自完成所有的AI任务。

于是问题也就来了，既然AI是一门全新技术，那么它的产业生态搭建也就是个全新挑战。这同样也是王海峰在执掌AIG后必须要面对的问题。多位受访对象告诉我们，王海峰在负责AIG后，始终保持着对产业生态与开发生态的高度关注。或许在王海峰看来，合作是AI这门技术走向广泛应用的真正通道。

我们可以从一个企业合作案例中，看出王海峰与百度AIG是如何搭建产业合作生态的。故事的另一个主角，是华为。

今天华为这家公司，在中国可谓家喻户晓。而在AI层面，华为近几年也进行了广泛深入的布局发展。在很多AI产业数据报告中，百度和华为都被列为中国AI企业的前两名。似乎从一般常识中猜测，在同一领域进行大量布局的两家公司，应该被认为是竞争关系。然而事实上，这两家公司却围绕AI建立起了多层面、立体化的生态合作关系。

2017年12月，百度与华为宣布达成全面战略合作。在公布的合作内容中，就包含在AI层面双方将基于华为HiAI平台和百度飞桨深度学习平台，发挥华为NPU的优势，共建以百度大脑和华为HiAI平台为中心的开放生态，服务AI开发者。

而这项合作的背后，主要推动者是王海峰与华为消费者BG软件总裁王成录博士。

十分巧合的是，王成录也毕业于哈工大。但是说巧又不巧，用很多哈工大毕业学子的话说，在中国的软件或AI行业，碰见校友的概率实在太高了。

王成录最开始接触王海峰，是在他刚从华为中央软件院来到消费者业务领域、开始负责EMUI的时候。当时，华为方面根据用户反馈，希望对输入法体验进行提升。在此之前，虽然王成录一直知道王海峰其人，但是并没有接触。这次基于百度输入法的合作，二人建立了联系基础。

王成录回忆说，当时经过了三个月左右的工作，百度团队为华为手机回馈了一个新的输入法版本，确实体验有极大提升。此后华为手机与百度的合作不断增多，比如在百度地图层面的合作。后来在逐渐接触中，王成录得知王海峰开始负责AIG，所涉及业务越来越多。而在两人交流越来越多之后，他们发现彼此对中国基础软件发展、对AI技术的理解与认识非常一致。

在王成录的印象中，王海峰是非常适合带领团队做基础软件的一个人。他的逻辑思维缜密，性格比较安静。这样的特质在中国软件行业并不多见。虽然如今软件开发行业人才众多，但能够静下来，扎扎实实做基础技术的人却相当有限。

在不断的交流沟通之后，二人一致决定，在AI层面推动百度和华为的深层合作。于是有了上文所说，华为手机的HiAI平台支持百度的飞桨，同时华为从硬件到软件所有平台架构都向百度开放。双方合力构建从芯片到开发框架、应用开发平台，全面向开发者开放的移动AI生态。

这里有必要解释一下，什么是HiAI平台与移动AI生态。我们知道，一般来说手机处理器包含CPU和GPU两大主要计算模块。而在AI作为一种新的计算任务跃入产业眼帘时，这种任务类型需要全新的计算模块去加持和处理。于是在2017年，华为在麒麟970芯片中加入了NPU模块，对AI任务进行专项加速处理。

AI算力虽然有了，但是AI应用还是一片空白。想让无数移动应用开发者能够利用NPU的算力，把移动AI芯片的能力变成消费者体验，就还需要一个平台来为开发者们服务。于是在2018年4月，华为正式公布了HiAI 1.0整体解决方案，定位为面向移动终端的AI计算平台，为开发者提供AI计算库及其API，从而让开发者更便捷高效地开发终端AI应用。由于华为是全球首家在芯片、终端、云端同时进行AI能力开放的手机厂商，因此HiAI平台在开发者群落中引发了广泛响应。

而HiAI平台与飞桨可以合作的点在于，HiAI的核心任务是面向开发者，调用NPU提供的AI专项加速能力。但是如果没有AI框架支持的话，开发者就必须基于算力进行非常复杂的AI模型开发与训练，这显然将带给开发者极大的技术门槛。

在王成录看来，飞桨是在硬件能力之上加入一个中间层，相当于面向AI开发者的操作系统。有了这个操作系统，开发者就不需要从源头上去理解芯片和复杂的底层软件，而是可以借用飞桨简单地完成开发和部署。

在这个合作上，我们可以将飞桨理解为开发者与硬件算力之间的转换器，开发者可以在飞桨的基础上完成开发。这样就大幅度降低了开发者的学习成本，可以非常简单高效地完成开发任务。

同时，飞桨带给HiAI平台的不只是开发工作的简易化，还有运行效率的极大提升。据华为HiAI总架构师杨鋆源介绍，在将飞桨接入HiAI的过程中，研发团队惊奇地发现运行速度比之前使用欧美AI开发框架时提升了17倍之多。

此外，双方合作对于生态开发者来说也是一个福音。在百度飞桨生态中，汇聚了大量AI算法开发者，而华为生态中也有大量移动开发者。双方平台层的合作与互通，等于是给了两个庞大开发者群落一个更好的选择。AI开发者可能突然打开了手机的想象力，移动应用开发者豁然发现了AI带来的潜能。在王成录看来，这两者结合将产生1+1大于2的效果——华为和百度，将有可能把中国AI的生态与平台同时做起来。

目前来看，HiAI已经取得了不俗的成果，其AI能力调用次数每天都达到30亿次左右，大量新颖惊奇的AI应用，已经孵化于华为的移动AI体系中。比如华为手机和电脑之间的One Hop一键互传功能，其中很多地方利用了底层AI技术，并且部分就来自飞桨的转化。

在此前高效合作的基础之上，2019年7月的百度AI开发者大会上，王海峰与王成录再次共同宣布，百度飞桨将与华为麒麟芯片进行深度对接，用全球领先的端侧AI芯片和中国自己的"AI时代操作系统"为端侧

AI提供最强劲算力、打造最好的深度学习开发和运行效率。

从这个案例中，不难看出AI是一种具有自身技术特性与产业规律的技术。理论上来说它可以应用在任何领域，但需要建立在从硬件到软件再到开发的全产业周期上。这给中国AI行业带来了巨大的发展机会，同时也对产业链提出了苛刻的要求。

从王海峰推动百度AIG与华为的合作里，我们可以看到三个方面的工作，它们是搭建AI产业合作生态的必备基础：

一、各取所需，各展所长。

百度与华为之所以能够成为AI产业合作的代表，很重要的原因在于百度AIG长于软件和算法，而华为长于硬件、终端设备。并且二者都有非常强的生态能力与愿望，恰好可以完整对接到一起。

能力互补，是建立AI生态合作的基础条件。正如王成录所说，充分发挥软硬结合的优势，可以促进更多AI应用落地，惠及更多用户，切实推动中国的产业智能化。而当若干家能力互补的公司走到一起，一个具有深度执行力和发展空间的AI产业链才能够搭建出来。

二、恪守边界，建立长期信任。

大型企业尤其难以建立长期合作关系，这是商业界的普遍现象。这是因为同一领域内的大型企业难免存在业务竞争关系，这让长期互信与技术打通变得相对困难。而百度与华为，首先业务场景冲突相对较少，并且从手机输入法、地图等业务开始，培育了长期稳定的信任关系。

而具体到合作的推动者也很重要。王成录提道，由于他和王海峰经常有机会进行面对面交流，且两人性格相似，又是哈工大校友，谈的东西可以很多很深。在此基础上建立起了对技术理解和生态发展的相互信任，这在一个新技术发展过程中是非常难得的。

恪守合作边界，尊重彼此利益，并且愿意长期建立信任关系，这样的合作理念在AI时代格外重要。

三、围绕对技术的统一认识，达成共同目标。

既然合作是基于技术展开生态合作，那么合作双方或者多方，必须对技术有统一的认识。这建立在双方的业务构成和团队基础上，更建立于技术负责人的认知与沟通的基础上。在王海峰与王成录的共识中，AI是一门可以深入到各行业中的底层通用技术。在这样的认识基础上，建立从芯片、基础算法到开发框架的底层AI技术体系，就变成了如今产业发展中的当务之急。价值认同的统一，才能带来后续深入合作的开展。

百度和华为都认识到，在AI时代全栈能力的国产化很可能变成现实。底层技术受制于人的问题可能就此改写。虽然任重道远，但中国的"AI者联盟"，在今时今日已经出发。

"决胜AI时代"的人与事

毫无疑问,一种技术的觉醒,不可能仅仅受益于业务与产品。在其背后,必然有更加深层次的推动力。这个篇章,我们希望走到王海峰与百度AI的背后,去看看那些支撑这次AI浪潮的文化、战略,以及当事人的思考。

百度的AI土壤

2019年初,中国专利保护协会发布了一份《人工智能技术专利深度分析报告》。数据显示,2018年,百度以2 368件的AI专利申请量在国内专利权人中位居第一,数量是腾讯的2倍、阿里巴巴的3倍以上。(数据截止日期为2018年12月1日)

不仅如此,百度在人工智能技术层面的领先趋势还在进一步增强。

2019年5月,Canalys与Strategy Analytics分别发布了2019年第一季度智能音箱市场报告,百度旗下小度智能音箱出货量排名首次升至中国市场第一,超越阿里巴巴与小米,紧随亚马逊、谷歌跻身全球前三。

可以说,人工智能不仅是百度移动产品增长的重要驱动力,更促进了其核心业务的升级进化。

显而易见,作为最早布局AI产业的中国互联网企业,百度在人工智能上的播种与收获,达到了令人惊叹的程度。

近两年,不少互联网企业都明确表示出了对AI及相关技术创新的重视,有的甚至上升到了企业战略的高度。如果说百度是AI做得最好的一个，可能还要辩论很久。但说百度是最适合做AI的中国企业，恐怕少有人会提出反对意见。

放眼于中国AI产业战略崛起的时代背景，怎样才能赋予AI发展最适宜的土壤，这个问题宏大而复杂。作为旁观者，很难快速给出精准的答案。但回溯人类历史上每一次科技革命的爆发，无不是一群优秀的人，在对的时间，聚集在对的地方，朝对的方向不断努力而成就的。百度的所言所行，或许正是对AI产业革命这一大趋势的真实侧写。

来自哈工大人工智能研究院的刘挺，从学者的角度向我们阐释了他对中国互联网巨头的大体印象：

"以我对它们（BAT三家公司）的观察，也是业内公认的，腾讯的产品能力非常强，阿里巴巴强在商业这方面，百度就是以核心技术立命的公司，所以它对核心技术的重视，以及从管理机制上的技术整合，敢于投入，这是其他公司比不了的。"

一句话道尽百度在AI时代崛起的核心之道。

作为一家靠搜索起家的公司，技术是百度与生俱来的基因，也是其在人工智能领域率先突围的先决条件。

体现在业务层面，百度在人工智能上的投入和布局是最早，也是最全面的。

2010年，以王海峰为代表的AI科学家接受了百度递出的橄榄枝，启动了AI体系的搭建工作；2013年，百度深度学习研究院（IDL）成立。后来，百度又陆陆续续建成了百度研究院的七大实验室。

基础技术的科研矩阵搭建初见规模。到了2015年，李彦宏多次提及人工智能。此后百度在AI领域的产业化进程开始明显加速。而整个互联网行业，这时还没有意识到AI意味着怎样一场变革。

对基础技术的追求和深耕,某种程度上与百度的产业地位交相呼应。如今,在人工智能六大关键技术分支上,百度包揽了语音识别、自然语言处理、自动驾驶、智能搜索和智能推荐四大方向的专利数量第一。飞桨、Apollo、小度助手等更是以平台化之力开始向外部生态企业积极释放技术能量。

据吴华回忆,她在加入百度之后,"受到了极大的反向文化冲击"。她发现在公司里,谈得更多的居然不是挣钱、利润这些东西。真正谈的是,最近谁提出了一个什么新的技术,谁又上线了一个新模块,线上效果如何。

正是这种对技术的终极信仰,引发了一场百度内部的生产力蝶变。在新的技术引擎推动下,百度的核心业务实现了突飞猛进的跨越。

能在数字生产力大变革的前夜,切切实实抓住AI的火炬,与百度对前沿技术与产业发展的前瞻判断密不可分。

除了对技术本身的研判之外,在产业生态的布局上,百度也体现出了超前的眼光和决心。发力AI的几年时间内,百度完成了基础原创性研究、高端人才储备、产业生态孵化等一系列准备工作。

除了战略上积极主动,百度重视AI的另一个最直接的佐证,就是真金白银的投入。从2012年开始,百度每年会将大概15%的收入投入AI技术的研发当中,有时一年甚至超过上百亿。

当然,真金白银的投入并不是盲目的。AI的发展前所未有地依赖着专业科技人才和开发者的创造力,因此自百度发力人工智能开始,就将大部分资源倾注在了科学家和工程师身上。

2010年,王海峰作为自然语言处理领域国际领军人物之一,以"高级科学家"的身份加盟百度,开始带领百度发展自然语言处理、知识图谱、语音、视觉、深度学习等AI核心技术。

据吴华回忆，当时百度人工智能梯队的完整性可以用"国内最好"来形容，NLP团队更是国内首屈一指的标杆。

此后，百度对科学家和人才的倚重持续加码。2013年，百度将自己的研发中心摆到了国际竞争对手的"家门口"，在距离谷歌、苹果总部不远的地方设立了百度美国硅谷实验室，并前往斯坦福、麻省理工、卡内基梅隆等知名院校招揽人才。用李彦宏的话来说，"哪里有最优秀的人才，我们就把研发中心开在哪里"。

百度吸引人才的方式，并不仅仅是简单的物质激励，背后还有一套深谙技术文化的团队文化。

吴华就用了"感恩"一词来形容在百度做研发的日子。当时百度北京的研究人员需要和美国湾区的研究组进行协作，有时候半夜两点了，两边的团队还在交流。正是这种技术本位的文化，使得一群工程师、科学家交流起来很方便，合作起来就非常顺畅。

此外，百度还和一些高校展开合作，用共建实验室、共享数据等方式推动建设AI人才孵化的"校企联动"模式，形成了校园到企业的人才储备机制。中国社会科学院社会学研究所发布的《AI如何创造社会价值？2018百度社会价值报告》曾经统计过，百度已经培养了近55万名人工智能相关人才，相当于建立了10所专门的人工智能大学。

我们瞭望未来的AI大战，再回顾百度根深叶茂的人才图景，不难发现，走对了人才这步妙棋，才有今日百度在人工智能领域的日渐成熟。"求贤若渴"与科技创新，已经形成了一个印刻在百度技术基因里的双螺旋。

对于很多企业来说，AI只不过是在企业价值链上叠加一个新的战略机会点，无须大动干戈，但百度却从未轻视这一次机会。

技术基因、前瞻性的大手笔布局、AI人才的孵化培养……这些综合起来，才让百度成为中国最适合AI生长的企业。

百度文化的践行者与守护者

在一封写给毕业生的信中,李彦宏这样写道:"我和百度都无法提供人生的捷径和职场上的潜规则,而且我们并不为此感到抱歉,因为这些并非用户所需。"

对于那些渴望加入百度的年轻人,他的希冀是——在阳光下拥有朴素的成功。

很难想象如此质朴的话,是一个在残酷商业场中浸淫数十载的企业家所秉承的"成功学"。

我们知道,企业文化并不简单地等同于社会文化。作为一种管理体系,企业文化不仅仅是贴在公司墙上的标语、口号,更重要的是反映在公司的实际建设和组织架构设计中。有些还贯穿在工资待遇、福利制度、管理制度、员工培训、客户支持等系列行为中,成为公司鼓励大家按这种行为做事的准则。

李彦宏曾经详细地解读过"简单可依赖"这句话所代表的百度核心价值观:

"简单",意味着没有公司政治、说话不绕弯子;意味着愿意被挑战;

意味着公司利益大于部门利益；也意味着心无旁骛，不被外界噪声所干扰。

"可依赖"，意味着自信、开放式沟通、只把最好的结果交给下一个环节。

那么在AI时代，面对强敌环伺的竞争态势，百度又以这个核心价值观为基点，生发出了哪些与时俱进的文化脉络，来提升自身的战斗力呢？

或许，我们可以通过三个全新的文化符号来了解这个公司更加"AI化"的精神取向。

第一个符号：尊重专业性

毫无疑问，百度在AI时代的成功，很大程度上要归功于其吸引人才的能力，以及适合技术人才发挥才能的企业文化。

以专家为主体，正是百度人才架构的特色。福布斯曾经统计过，中国AI革命领导者20人中，百度员工及前员工占一半。其中，王海峰、景鲲、吴华等，目前都在百度任职。

而百度的各项制度、政策，也是以尊重专业性来调整的。

浣军曾分享了自己为何放弃国外的工作和家庭生活，选择回国加盟百度的原因，他提到了两个非常重要的人：

一个是李彦宏。作为百度的一把手，李彦宏非常愿意倾听科学家的意见并寻求建议，这种沟通的过程令浣军十分惊喜，最终决定放弃美国的高校教授职位加入了百度。

另一个是王海峰。作为百度研究院的负责人，王海峰的科学家身份使其与学术界保持了非常紧密的联系，在AI布局、研究视角、未来方向上，能够以学术的角度来交流。这种管理者对技术的敏感和发自内心的追求非常难得，是吸引海外学者回国报效的重要原因。

当然，这并不是浣军的"专属待遇"，事实上，李彦宏+王海峰这对"超级组合"，共同征服了不少科学家，吴华也是其中一个。

加入百度之后，吴华明显地感觉到，百度做研究并不只是邀请科学家来装点一下门面、背一下书，然后就撇开不管了。一方面李彦宏自己就是技术出身，对前沿技术探索非常支持；另一方面也跟王海峰务实的性格以及看问题的角度紧密相关，因此王海峰在打造百度AI战舰之初瞄准的就是从技术领先到应用落地的完整链路。

与管理者无障碍沟通的工作氛围，全面拥抱新技术的企业执行力，给予人才施展想法和快速应用的产业舞台，这些机制无不融入了百度"尊重专业性"的文化取向，也是百度比竞争对手做得好一点的真正原因。

/ 第二个符号：务实、自驱、负责到底

一位国际顶尖的人工智能科学家曾经这样形容他加入百度的原因：任何一个公司要想做得长久，在文化上都要做得好，要把文化的核心保护好。而对于人工智能的开发，需要的恰恰是有工程师文化的公司。

如果你前往位于北京西二旗的百度总部，会发现在那里，工程师文化几乎已经变成了一种生活方式。

弹性工作制、免费健身房，上班可以玩游戏听音乐，时不时还有年轻人在花园中沐浴着阳光小憩。但在工作的时候，就没办法这么轻松了。百度工程师的工作内容往往非常具有挑战性，需要对细节极端仔细地抠，并且不断探索新的技术和解决方案。在百度的众多高管中，王海

峰是公认对百度工程师文化影响极大的人。

据百度副总裁侯震宇回忆，在王海峰加入之前，百度有很多很好的工程师文化，但没有人将其拔高和总结出来。

2010年王海峰加入之后，将百度工程师文化软素质方面总结成了三点：务实、自驱、负责到底。

务实，基本上对标百度一直以来的核心价值观——简单、可依赖，脚踏实地、认认真真、任劳任怨、埋头苦干；

自驱，指的是每一个工程师应该主动去发现问题、解决问题，主动追求一个更好的结果或者更高的要求；

负责到底，就是不管一件事是不是与你本人完全相关，只要你经手了，就有责任把这件事追踪到底，直到最终做好。

这三点结合起来，正是王海峰管理数千人的技术团队的核心宗旨，也是百度员工对这位CTO的直观印象。

据吴甜回忆，在跟王海峰的交流中，他从来都不喊口号，只会非常清晰地说他对这个事情的理解，怎么解决问题的看法。就事论事，然后带着团队把很多困难和问题都解决掉。

当时李彦宏想做信息流，王海峰从立项到上线一直亲自在盯，二十多天的极限时间里，终于让产品上线了，这一仗也直接成就了后来的百度App。因此后来百度在内部评选"简单可依赖"价值观的代表，得票最多的人就是王海峰。

这样的工程师文化和CTO以身作则，也最能激发工程师们的使命感和归属感。

据浣军回忆，他所在的研究团队有一位清华毕业的硕士，名叫李兴建。他同时跟十来个组合作，一个项目一个项目地跟，付出了很多努力。每一个项目进展得怎么样，下面应该怎么安排，他全都知道。

实习生也是如此。有位美国CMU的学生，在百度工作了大概几个月，一下子就把某一个指标做上去了。

正是来自全球各地的工程师文化坚守者们在一起工作，才为百度在人工智能这个前沿性的方向上站稳脚跟打下了基础。

/ 第三个符号：风清气正

李彦宏曾在2017年8月对百度内部文化风气的总结中，提了11次"风清气正"。

在他看来，过去几年在AI上的先发优势，确实让百度看到了很多美好的机会，但是看到不等于抓住。战略看得再对，缺乏好的执行，最终也会输掉。这次发言，显然与2016、2017年百度内部相继爆出贪腐，以及数位高管离职不无关系。

为了肃清百度风气，李彦宏给出了新的企业文化导向，那就是"风清气正"。

他用了几个关键词组来阐释这个新的文化符号：

用户至上的理念；胜则举杯相庆，败则拼死相救；不唯上；说话不绕弯子；公司没有政治；每个人都要捡起地上的垃圾；总是把最好的结果传给下一个环节。

总结下来就是，"简单可依赖"就是风清气正。

在对百度文化的补充和反思中，李彦宏也在一封"风清气正"的全员邮件中，提到了干部队伍，其中具有代表性的高管，依然非王海峰莫属。

在百度的"风清气正"评选中,王海峰又一次得到了全公司第一名,被看作全百度最风清气正的人。

在曾任百度自然语言处理部门总监的赵世奇看来,这样的结果与王海峰的做事风格不无关系,他对待公司和员工的事都非常严谨,从来不会在这些问题上含糊。

而且AIG在王海峰的带领下,技术团队跟业务团队之间的纷争几乎没有发生过,反而双方经常磨合与思考,如何利用AI的能力赋能关乎国计民生的领域。王海峰就曾经跟侯震宇聊过高级总监黄艳负责的项目,希望用AI视觉技术做视网膜的眼底筛查机,帮助医疗资源比较匮乏的偏远地区的居民。

未来,百度如果想要在AI这场技术浪潮中成长为全球顶级的高科技公司,那么做出来的产品和服务,显然都应该是积极向上、具有普惠价值的。这样的愿景,跟"风清气正"价值观所代表的责任感与使命感息息相关。

我们可以看到,结合自身探索AI的角度与对竞争优势的认知,百度正在试图构建更饱满的文化体系。给科学家以信任及空间,对工程师团队的高标准、高期许,对公司核心文化和内部风气的坚定维护,都在从细枝末节中不断渗透进百度的管理制度和外部形象中,形成了独属于AI时代的独特价值脉络。

百度将"简单可依赖"延伸为应对AI竞争的三大特殊文化符号,既可以看作是宣告旧时代的结束,也可以看作是新征程的助推器成型。

丘吉尔曾经说过,人们塑造组织,而组织成型后就变成组织塑造我们。在任命王海峰担任百度CTO的内部信上,李彦宏这样评价他——百度简单可依赖文化的优秀代表,并期待他能够以技术为利刃,为百度实现"用科技让复杂的世界更简单"这一使命护航。

"救火者"与AI的焕活力

在本书中,我们展示了王海峰的很多形象——作为学生的、作为科学家的、作为企业领导的。但是问及百度同事,很多人对于王海峰的印象不是"领导"或"同事"这样相对平面的关键词,而是两个更直观的词语:开拓者与救火队长。在王海峰的百度十年中,王海峰很多次在众人觉得希望渺茫时站了出来,不仅化解了危机,还能捕捉到新的机遇,使原本危机四伏的业务重焕生机。

此前我们已经介绍了很多有关开拓者的例子,像王海峰对于百度NLP部门、多媒体部门的一手打造,以及对于知识图谱的布局等等。凭借自己对于AI发展曲线的理解,王海峰帮助百度精准地切入AI从实验室迈向应用的空隙,一方面完成了基础设施建设,另一方面也完成了一系列产品的转型,而其中不乏一些一度陷入危局的产品。

百度地图就是一个典型案例。

从理论上来说,地图导航类产品与AI技术有着天然的联系。地图上汇聚的海量出行数据,进行挖掘后可以对交通情况进行预判,帮助协调人们的出行时间。本来百度地图可以成为百度的一个出行数据接触点，以及AI能力的释放窗口。但在2018年，百度地图一度遭遇危机——当时的百度地图体验不佳、份额下降、军心涣散。甚至有80%的核心总监离职，其他员工面临这种情况自然也人心惶惶。此时王海峰接管了本不属于AIG架构中的百度地图，重整团队、重塑文化、明确战略、提升技术、打磨产品、打造生态，一系列动作有条不紊。更重要的是，在王海峰的引领下，百度地图全面引入了AI技术。尤其是在人机交互层面，百度针对驾驶场景进行优化，保证百度地图能够在嘈杂的车内场景听清用户的话，保证解放双手的语音交互模式。结合复杂语音的识别能力，百度地图可以实现理解人类对话逻辑，并给出答案，彻底进化成了新一代人工智能地图。

在2018年的百度AI开发者大会上，王海峰还现场表演了一段Rap："我要从三里屯的团结湖地铁站出发路过望京的家乐福然后再去南锣鼓巷最后到我家，我要红绿灯少的不堵车的最快的路线，你帮我路线规划一下吧。"在百度地图精准识别理解这一段话后，不仅惊艳了现场观众，更让百度地图在当天流量大涨。那时，王海峰接手百度地图刚过100天。

再向前回溯，王海峰也曾对一些看似不起眼的产品进行过改造。像2017年王海峰组建AIG时，本不属于AI技术的百度手机输入法产品也进入了AIG。抱着完美完成每一项工作的心态，王海峰一方面开始推动AI技术进入输入法，通过AI技术的加持，全方位提升输入法的技术、产品和运营水平，使产品体验日新月异，流量也直线上涨。两年多的时间，百度手机输入法DAU（日活跃用户数量）涨了2倍，语音输入量涨了5倍。另一方面，王海峰也把输入法当作了AI落地的"桥头堡"，这样一个每天有几亿用户在使用的产品,为各种最新的AI技术的落地提供了一个理想的平台,深度学习、自然语言处理、知识图谱、语音、视觉、增强现实等等,都在输入法这个平台上接受了实战检验并得以持续提升。

不论开拓还是救火,王海峰在百度这十年之间的很多动作都像是在给整个企业甚至产业"打样"。亲自用行动向世界证明,AI究竟拥有多大的焕活力,将如何赋能企业的产品。

百度CTO的任务与挑战

在本书写作过程中,王海峰的职业履历恰好又迎来了一个"关键变化"。2019年5月31日,百度宣布高级副总裁、AI 技术平台体系(AIG)和基础技术体系(TG)总负责人王海峰成为百度首席技术官(CTO)。

毫无疑问,百度作为一家以技术著称的科技公司,其CTO的职责与任务,对于外界来说是充满想象的。而在百度AI技术高速发展的今天,任命王海峰担任CTO,毫无疑问其中包含着百度对AI战略发展的思考与权衡。

于是我们想到,以王海峰被任命为百度CTO作为时间节点,恰好可以看到王海峰与百度AI技术发展的过去、今天与未来。

了解互联网行业的朋友都知道,百度CTO可以说是互联网行业难度系数最大的岗位之一。这是因为这一职位不像其他互联网公司CTO那样,核心任务是保证全公司业务在技术层的稳定运行。百度的CTO不仅负责技术后勤部队,同时也要担负从技术到业务的创新与增长,以及长短期的技术战略布局。

可以说，百度CTO不仅是一位后勤长官，同时也是指挥官和直接冲上战场的骑士。客观来说，这样的任务很难集中在一个人身上。毕竟每个人的技术专长不同，管理能力不同。

同时也要看到，百度在技术上是一家三多公司：技术布局的领域多、技术人才多、技术关联出的业务线索多。CTO需要统辖漫长的技术研发-产品业务线索；与大量不同领域的技术大牛和顶级科学家完成合作；技术统筹能力需要横跨各种不同类型的业务，以及新技术、产学布局等多个领域。也很难找到这样一个人——他具备的学术能力、业务能力和精力可以负载这些要求。

而最终王海峰抵达了这个"世界上没几个人能胜任"的位置，背后不仅是他在工作生涯中的自证，更蕴含着百度对AI技术的认知与判断。

从前面的故事中我们可以知道，自加盟百度以来，王海峰的工作可以分为三个阶段：从2010年开始负责百度在AI前沿技术领域的基础布局；2014年转岗百度搜索业务，对搜索进行智能化升级、整合PC及移动搜索，并基于AI技术打造信息流及度秘等新业务；2017年开始负责百度AIG，统筹百度AI平台的发展。

他的百度历程，恰好也是百度AI从奠基到飞速发展的整个过程。王海峰出任CTO，事实上可以视为百度对AI技术的认可与笃定。宏观来看，可以发现王海峰至少在三个方向上，帮助百度证明了AI的价值与地位。

/ **AI可以孵化新业务、新产品**

加入百度以来，王海峰先后为百度创建了自然语言处理部、互联网数据研发部、推荐引擎和个性化部、多媒体部、图片搜索部、语音技术部、深度学习技术平台部等众多技术部门,并且基于这些技术架构的布局,帮助百度打造了信息流、度秘、飞桨等百度今天的"杠杆级业务"。垂直领域的AI新产品与能力则更是不胜枚举。这些AI红利的激发,为百度证明了在AI这条路上开拓新市场是可实现的。

/ **AI可以优化百度原有业务,激活新的市场竞争力**

王海峰团队的另一个主要工作线条,是用AI带来的多元能力对百度原有产品进行智能化改造。从完成了智能化升级的搜索引擎,到今天基础体验已经远超行业竞品的百度输入法、百度地图等,都是由王海峰主导。这些项目证明了,AI不是另起楼阁,而是可以与百度体系紧密结合,塑造产业差异化优势的钥匙。

/ **推动平台化开放,让AI为百度和全社会所用**

进入百度不久之后,王海峰就开始启动NLP、知识图谱等技术的平台化工作。在此基础上建立了支持百度所有业务,并向全社会开放的AI技术平台。这项工作的发生节点,远远早于近两年互联网公司开始流行的技术中台概念。这项工作证明了AI可以是技术底座,也可以是百度对外构筑产业与开发者生态的基石。如今在百度大脑5.0版本的更新中,从基础的深度学习平台,到通用AI能力、应用技术解决方案,再到定制化模型，以及最终的部署与集成能力全面开放，打通了人工智能产业化应用落地相关的全部流程，最终去实现"Everyone can AI"的目标。

王海峰的百度十年，帮助百度确认了AI是一种可靠的通用底层技术，证明了AI可以触发新市场机遇、加持百度原有业务、平台化开放给百度体系与全行业。这个证明过程，恰好应对了上文中提到的，百度CTO难做的问题：AI是目前唯一能够统摄百度技术需求的通用技术，那么作为百度AI的名片，王海峰也就是最具合理性担任百度CTO的人选。

而且需要注意的是，王海峰出任百度CTO，对于百度现有AI体系来说并不意味着一个巨大的工作调整，而是在现有业务关系上的顺势而为。

在采访中，王海峰用"变，也没变"来形容他担任CTO后的职责。

所谓不变，是因为王海峰在担任AIG、TG总负责人时，事实上已经需要面向公司整体技术负责。他身兼百度技术战略委员会主席等职责，也要在整体上把控百度的技术发展。因此他的工作并没有太多根本性变化。

但是变化的一面在于，担任CTO还是要站在更全局的高度来看百度技术的规划和发展。比如说对百度旗下众多技术、众多技术团队的统筹规划。在CTO岗位上，王海峰会更多关注百度整体，甚至全球的技术走势。

而就未来而言，王海峰在CTO这个岗位上还将迎来更多责任和挑战。究其根本，是因为百度在技术世界中的前沿探索者角色，决定了百度的战略操盘，将很大一部分放置在CTO的工作列表里。

首先，百度的AI之路才刚刚开始。这门技术本身的高速变化、产业需求的摇摆前进，以及百度业务的客观进展，都要求CTO必须具备AI时代整体的战略布局能力。

或许可以说，AI是科技史上要求CTO参与战略洞察程度最高的一门技术。王海峰的很多同事都提到，他本人的一大特点就是时刻保持着对前瞻技术的洞察和学习兴趣，这在互联网公司中非常罕见。而这个能力和特点，或许也是其出任CTO的原因之一。

其次，在互联网人口红利衰退，产业AI肇始之际，接下来百度乃至所有科技巨头，都将面临寻找新市场、新商机的问题。而就百度而言，新机遇的快速锚定和拓展，在这个阶段尤其重要。AI走入工业大生产阶段，战略空间随时涌现，故而需要CTO是最懂AI业务的人，可以随时把握战机，帮百度随时发现和赢得新战役的胜利。

另外，百度在未来还有一个关键任务，就是为整个国家的新一代人工智能发展战略提供技术底座和大量必备的基础设施。从最近的中美贸易争端中，我们已经可以看到芯片等科技基础设施的重要性。而中国已经不能再放弃下一个阶段的AI基础设施。其中很多任务，肩负于百度。

这种情况下，百度CTO需要承担的另一个责任，是推动百度与国家AI战略的结合，在产学研一体化进程和人才培养中充当企业与社会的纽带。而王海峰作为ACL历史上首位华人主席、吴文俊人工智能杰出贡献奖首位获奖人，其学术身份与产业身份的融合，恰好有利于这一目标的推进。

务虚一点来说，王海峰在CTO的新岗位上，需要面对两件事：一是守住百度的技术初心，不能有丝毫懈怠；二是在飞驰的AI轨道面前，把握机遇，创造未来。

近十年的持续布局、探索和尝试，"百度有AI"已经成为家喻户晓的常识。而新CTO又是一个开始。新的使命与责任也让本就勤勉的王海峰进入了更加恪尽职守的工作模式。

总而言之，AI、百度和王海峰，今天都将准备去解一道新的题目。

"云+AI"：王海峰为产业智能时代准备的那杯茶

2019年9月2日，百度董事长兼CEO李彦宏发出全员信，宣布"百度进一步升级'云+AI'战略，提高百度智能云的战略地位"。内部信中宣布："即日起，百度智能云与CTO体系高效融合，公司副总裁、百度智能云总经理尹世明携团队向集团首席技术官王海峰汇报。"

在行业中横向来看，让CTO直接作为云计算业务的负责人，这在科技公司中是一次少有的探索。而王海峰统领百度智能云业务线，也被外界广泛看作百度在产业智能化方面的一个重要动作。

李彦宏在内部信中强调："百度需要更快建成以人工智能为中枢、以大数据为依托、以云计算为基础的ABC三位一体深度结合的智能云。"这个判断可以帮助我们理解，为什么百度智能云会在此刻与CTO体系融合。

如今，各行各业全上云，已经成为社会性话题。这个转变有众多原因支撑，其中一个很重要的原因在于，实体经济的发展新常态，正在呼唤智能技术、数字化技术对核心生产力的提升。这一点可以看作全球性经济新常态对AI技术的宏观吸力。

之所以经济体对智能化的需求，绝大多数发生于云计算市场中，是因为从技术逻辑上看，从产业AI训练到推理都需要算力，而云是提供这一算力的绝对选择。此外，AI任务对弹性算力、并发部署的需求，以及企业对大量AI能力、AI工具的调用需求，都将云计算推向了最适合企业客户应用AI技术的结合点。

于是我们看到，云计算从互联网业务的支柱，变成了智能的容器、实体经济连接AI的渠道。这一改变深刻影响了云服务市场，正在引起云市场中客户、产品、市场格局等一系列因素的连锁反应。

以创新产业、传统产业及制造业为代表的实体经济，对AI算力的需求已经浮出水面。而这样的大背景下，云服务厂商能够为企业客户提供AI技术的深度、AI服务的可用性，也就成为云服务市场的战略核心。基础算法、AI算力、AI操作系统这些硬实力，以及AI与云和数据的融合程度，将成为未来可见云服务市场的刚性竞争基础。

面对各行业对"云+AI"的广泛需求，早在2016年，百度云就已经发布了ABC三位一体发展战略。此后百度不断夯实这一战略基础，经过了历次升级。到2018年12月，百度宣布智能云事业部升级为智能云事业群组（ACG）。这一架构升级，被广泛看作是百度智能云的战略目标更加明确，将在云业务基础上承担百度AI技术向各行业B端市场的出口重任。

这一战略目标的第一阶段，应该是快速夯实和拓宽"云+AI"的B端市场出口地位。到王海峰统筹百度智能云之时，百度智能云已经落地应用于四大产业，在工业制造、农业、金融、教育、物流、传媒、气象、旅游等行业完成了大量AI+产业案例。

从业务体系到市场变化，都显示百度智能云已经相对理想地完成了第一阶段目标。而助跑之后，需要的就是起跳。

在2019年7月的百度AI开发者大会上，王海峰让集成了百度AI能力的机器人，给自己倒了一杯茶。

这杯茶本身的味道或许只有王海峰自己知道，但是这杯茶背后的技术味道，却已经让各行业品出了关于"未来"的回甘。

之所以这样说，是因为AI开发者大会上倒茶的机器人，既要听和说，又要准确"看到"人的位置，还要通过机械臂，即AIoT设备的精准控制完成动作。这已经让AIoT设备极大程度接近于真人的工业操作能力，正是各行业所期待具有独立认知、理解、执行能力的AI技术——而这杯茶的背后，是多种AI底层技术与算力、设备体系的融合。

更早一点，在今年的百度深度学习开发者峰会上，王海峰讲述了他对当今AI技术趋势的判断：技术的标准化、自动化、模块化，正在推动AI进入工业大生产阶段。

所以说，那杯茶背后，是AI工业大生产周期的技术判断，而这个判断背后，是王海峰代表的百度AI技术十年的积累和准备。

回顾一下王海峰在百度的执业经历，会发现推动AI技术向现实应用普及，是他所担负职责中一以贯之的中轴。

在2010年加入百度后的第一阶段，王海峰负责各AI技术的奠基工作，可以说是最早推动AI技术在互联网公司落地生根的技术专家。

第二阶段，王海峰负责百度传统强势的搜索业务。这一阶段，他与业务体系产生了更多直接关联，完成了对百度搜索的全面智能化改造，孵化了信息流、度秘等等。

从成立AIG到担任百度CTO的第三阶段，王海峰的主要职责变成了统领AI技术体系，完成AI技术面向广泛内部与外部需求的打开。目前，百度大脑5.0版本，已经在算法突破和计算架构升级的基础上，发展成为"软硬一体AI大生产平台"，深度学习平台飞桨成为中国深度学习开发者的通用操作系统。

在这一历程中，对智能化技术的把握细致、务实而具有前瞻性，成为王海峰的职业特征与技术理念。

沿着这一轨迹，统领云业务后，王海峰与百度AI技术体系中强烈的"AI致用"理念与技术储备，将接入更贴近产业需求的云计算出口。当百度智能云融入百度CTO体系后，AI技术对云业务的赋能，以及基于公有云体系将AI技术进行行业外放，变为统一的整体。王海峰的个人技术追求与学术路径，与百度决胜AI时代的落点，以及千行万业对深度学习产业化、应用化的需求将有机统一。

秋高气爽，正是饮茶时。

当各条件趋向成熟，百度的产业智能化之路，也就可以自然而然按下那个期待已久的加速键。

百度大脑、飞桨中蕴含的技术能力、科研能力、开发者生态，将与百度智能云产生更强烈的一体化协同效果，让产业AI形成开发和市场的融合、技术创新与产业应用的高度一致、操作系统与云计算体系的紧密贴合，从而增强产业效率，加强百度智能云的产业竞争力；让王海峰对科研应用与技术前瞻性的把握，更快速渗透到百度智能云体系当中，成为直接为更多行业用户服务的产业AI枢纽。

而对于可用性来说，企业一方面需要封装、集成方面的应用，另一方面需要AI技术不断呈现出基础算法上的创新，以及视觉、语音、语言和知识相关技术的融合与再发展。所以只有云计算体系与技术体系高度统一,才能将AI技术从表层应用推向生产力核心部位应用。

而在易获取方面,企业用户一方面需要AI算力和AI加速能力上的支持,另一方面需要AI技术能够高度工具化和自动化。百度大脑与飞桨团队正在大幅度加强后者,带来了EasyDL等高度集成化工具。当自动化、工具化接入ABC的数据与算力支持后,企业才能真正低门槛进入AI世界。

所以说百度智能云与百度CTO体系的融合,是技术与产业长期因势利导下的必然选择,也是百度加快建设"云+AI"、产业智能体系的关键一步。

最终我们看到,对"云+AI"的需求、百度智能云的积累、王海峰所代表的百度AI人的技术推进,三股江河的流淌与积累最终相遇,正在静静等待融汇成一股洪流。

洪流的远端,是各行业都能轻松让智能加速生产的恢宏时代;是工业红利向智能红利转化的历史变革;是那杯茶,最终将被时代饮下。

三个关键词，读取王海峰眼中的AI未来

> "企业号"的任务，是去探索未知的新世界，找寻新的生命和新的文明，勇敢地航向前人所未至的领域。
>
> ——《星际迷航》

从旁观者的角度看，从学术界到产业界，王海峰可谓亲自见证且参与了中国AI产业的从无到有，从弱到强。

相信所有人都会同意，像王海峰一样对AI如数家珍的人，最有资格讨论AI的未来。相信很多读者也会好奇，在从业者与学者的双重身份下，王海峰会如何判断AI的未来走势。

然而这个好奇心并不容易满足。熟悉王海峰的人都认同，王海峰是一位非常严谨的科学家与技术从业者。他的特点是说得少，做得多。相比宏观的未来，王海峰平时讨论更多的是一篇篇论文、一个个算法、一项项技术落地。

关于未来的篇章，显然是本书不可缺席的一部分。最终我们结合对

王海峰的采访,以及在多个场合他本人关于AI的演讲与讨论,总结出了三个关键词,也可以将它们看作是王海峰对于未来的三个判断。这三个关于未来的判断背后,蕴藏着AI技术从业者来自一线的思考,某种程度上也能够展现百度在AI世界中,接下来的任务与目标。

今天很多年轻人与创业者,都在思考关于AI我们还可以做什么。答案或许也在其中。

/ 工业大生产

王海峰的第一个判断,是在此时此刻,AI已经高速进入了工业大生产周期。AI正在从一种前沿科技,变成各个行业、各个企业都可以应用的工业化生产工具。接下来很长一段时间内,AI有可能完成像蒸汽机、电气系统一样对各生产领域的进驻。

为了论证今天的AI是否符合成为工业化生产工具的标准,王海峰查阅了很多资料。最终他将工业大生产的标准归纳为:标准化、自动化、模块化。一种技术工具达到这三个标准之后,就有可能完成从单领域技术向通用工具的质变。

今天的AI是否能满足这三个条件呢?前文我们讨论过的飞桨就可以看作一个缩影。就标准化来说,不同领域,不同行业,无论工业、农业、金融业,都已经可以使用飞桨来解决自身的生产效率问题,可见其已经具备了标准化能力。

而飞桨的平台体系,已经可以让深度学习模型从训练到使用,获得高度的自动化。包括前文讲到过的AutoDL,其开发目的就是为了使用户能够高度自动化开发AI模型。

另一方面,飞桨本身的核心框架是模块化的,同时它可以支撑不同技术类别的任务模块,像自然语言处理、视觉、语音等的各种组件,都可以实现模块化分别调用。

如此可见,AI技术和平台已经在今天具备了成为工业大生产工具的前提基础。王海峰认为,接下来AI将进入工业大生产的爆发阶段。同时,产业实践也证明了AI技术今天在各个领域、各个行业都找到了自己的用武之地。从理论到实践,可以看到AI走进工业大生产的阶段已经到来。

而在这样一个判断下,百度也将承担更多责任,为AI的社会化、通用化贡献力量。比如百度大脑、飞桨、自动驾驶等技术,都已经对外开放,让各行业得以应用。希望借此推动社会更快进入智能化阶段。同时,百度也会在AI领域起到标杆和示范作用,让希望用到AI的行业和企业找寻到方案方法。另一方面,在AI走进工业大生产的周期里,百度也会积极参与更多国家项目,包括产学研一体化建设。

当然,如果今天AI技术真的再启动一次工业革命,其价值自然不言而喻。其中的任务当然不可能由某一家公司承担,而是需要全社会各行业、各企业共同推进。AI的工业大生产周期,当然是令人激动的,同时也有其任重道远、道阻且长的一面。而对于希望加入AI产业的年轻人来说,机会也蕴藏其中。

/ 中国速度

毋庸讳言,今天中国在AI领域取得了世界瞩目的成就。很多国人都会关心，中国AI到底发展到了什么程度，未来是否能跻身世界顶尖？

在王海峰看来，中国AI的发展速度与发展潜力都是值得肯定的。今天全球范围内讨论国家经济体的AI水平，都会关注中美对比的问题。王海峰认为，美国在基础理论方面的资源积累确实比我们多，人才生态比中国丰富。这导致两国在AI层面的差距也是客观存在的。

但AI领域的特殊性，恰好在给中国学术与产业界以机会。王海峰判断，AI基础理论层面的突破其实并没有外界想象中那样高速。在基础理论之上的应用技术，包括应用研究、应用开发、产业生态等方面，中国的能力并不落后。尤其在AI应用研究领域，这个层面客观来说门槛同样很高，但中国的学术与产业深度已经达到了不落人后的水平。

而在应用研究之后，在AI与应用场景结合、技术开发等领域，中国产业界在很多方面甚至是世界领先的。比如中国开发者对业务的感知、对技术变化的把握，新技术上线的速度，这些都是世界其他地区所无法比拟的。故而，AI时代的"中国速度"并非空穴来风。未来让中国速度不断提高，也是这一行业的责任与目标。

那么，中国AI技术如何在未来得到进一步加速呢？

在王海峰看来，AI系统和生物一样，是在不断进化的。AI的演进，离不开技术与产品在实际应用场景中的互动。过去60年，AI技术经历了数次起伏，其重要原因在于环境的改变。

以深度学习技术为代表的本次AI崛起，离不开算力平台、大数据的环境支撑作用。而接下来的5G技术，则会在连接领域带给AI全新的进化环境。5G会使AI的应用场景变得更加广泛，AI也会变得更加无处不在，更快完成进化。

/ 通用智能

如果看向更远的未来，AI会走到哪一步？

2017年，王海峰在中国图灵大会上首次阐释了自己关于搜索、AI、知识图谱等技术的未来判断。这给了我们非常难得的机会，能够窥见以严谨著称的AI科学家，如何看待极远的未来。

我们都知道，今天我们在学术与产业界讨论的AI，确切来说都是弱人工智能。它仅仅能模仿人类的某一种能力或者智慧，比如听、说、看，比如下棋、对话。但是AI却不能真正像完整的人一样去思考和理解，不能像人类一样同时做几件截然无关的事情。

那么，什么时候才会实现科幻电影里的通用人工智能？更重要的是，从哪条路走才能通向那个终极目标呢？这个问题，从哲学家到计算机科学家，给出了无数种答案。而王海峰的答案，则是在他的学术与产业生涯中，一步步探寻出的实践逻辑。

在王海峰的理解中，互联网就是真实世界的镜像。而搜索引擎为了能够提供搜索服务，要把互联网所有的内容抓下来，相当于在服务器上编织了整个互联网的镜像。而搜索引擎进一步进化，就是今天百度借助AI在做的智能搜索。智能搜索会在与人及互联网的不断互动中持续进化，通过搜索引擎汇聚的知识也会持续完善，逐步形成对真实世界的完整描述和认知，进而支撑AI向通用人工智能迈进。

如果说，世界由虚拟与现实构成，在虚拟端，有互联网、搜索引擎，以及智能助手、智能地图、自动翻译等众多AI产品，但现实侧只有孤零零的人类社会，那么AI的下一步，就是冲破虚拟的界限，把所沉淀的知识、能力、智慧重新带入现实。让现实侧具备除了我们人类与人造物之外的他者——这就是通用人工智能。

在未来某个时间点，随着AI不断发展，越来越智能的产品能够对真实世界产生越来越强大的描述能力，最终会推动人工智能向通用人工智能进化。这也可以解释，为什么王海峰自进入百度开始就格外重视知识图谱技术的应用和发展。因为互联网和搜索引擎，最终沉淀下来的是知识，是对世界的描述。王海峰认为，虽然今天的AI技术比几十年前，或者比十几年前要好很多，但它仍然不是终极状态，其本质上依旧是统计等数学方法。而真正逐渐向通用人工智能进化的路上，知识占据着重要位置。

搜索引擎是在各种互联网产品形态中，最有机会把更多、更全、更优质的知识沉淀下来，打开通向通用人工智能之路的。这个判断，甚至影响了王海峰加入百度的决定。

事实上，王海峰极少对外讲述这个认知，而是这些年来默默按照这条基本逻辑行动。如果说有某个宏观准则，来支撑王海峰在百度发展AI时的具体判断和思考，那么这个终局，就是从互联网到通用人工智能，这个让他坚信不疑的方向。

听完王海峰对这个逻辑的描述，我们震惊不已。因为采访中近乎所有王海峰的师友、同事，都说这个人性格非常严谨务实，极少讨论宏观的未来。但是我们最终发现，当他讲述未来的时候，描绘的却是比所有人设想中的都更要遥远的未来。

我们身边的很多人，会把想象与现实泾渭分明地隔离开。每天都在滔滔不绝讲述着想象，但孜孜以求的却是现实。还有一些人，他们会在现实与想象间描绘一条路。他们虽然沉默，却选择一步步走过去。

AI的未来，更需要敢于建造通天塔的后者。

第三编

让中国 AI 驶向全球：一位科学家的"翻译"之旅

在AI产业浪潮的平行线上,王海峰保持着一位学者的执着与热忱。从机器翻译开始,数十年间语言秘塔上回荡着探索的脚步声。让我们把故事跳转到最初,重新认识这位科学家的AI之旅。

从NLP到巴别塔之梦：王海峰的学术之路

羽翼初张：探寻学术之路

> 一时代之于学术，必有其新材料与新问题。取用此材料，以研求问题，则为此时代学术之新潮流。治学之士，得预此潮流者，谓之预流。其未得预者，谓之不入流。此古今学术史之通义，非彼闭门造车之徒，所能同喻者也。
>
> ——陈寅恪

陈寅恪先生曾经说过，学术要做天下之预流，有两件事格外重要：一是发现新问题，二是重视新材料（研究工具、资料等等）。

寻找"时代学术之新潮流"，并设法借助新材料参与进去，正是王海峰学术生涯的真实写照。也因此，对王海峰的学术道路和主要成就做一简略介绍，或许能够让读者更为清晰和直观地领略中国AI科研实力是如何在时代的浪潮中逐步演进的。

纵观王海峰的学术道路,我们可以依据其研究重心的变化和主要成果,大致分为三个阶段。

第一阶段,要追溯到1993—1999年的硕士、博士期间,王海峰在李生、高文等教授的指导下从事机器翻译的研究工作。

学生时代大家的学术路径普遍比较简单,就是老师给个课题,想办法做好,然后将成果发表出来。但王海峰并不囿于传统方法,他开始尝试将神经网络带入NLP领域,并且小有收获。

王海峰的博导、ACL终身成就奖获得者李生教授后来回想起指导王海峰博士论文的经历,认为他"有主见。在硕士阶段就能够在(研究)进程中不断地完善和修改,并有自己的一套想法,很是难得"。

从研究成果来看,那个阶段王海峰也有不少收获。具体来说,王海峰与高文、李生合作完成了《基于神经网络的汉语口语言语行为分析》和《基于神经网络的汉语口语多义选择》两篇文章,在1999年分别发表于《计算机学报》和《软件学报》。

第一篇文章提出了一种新的语言处理方法,让机器能够从口语中理解说话者的意图。简单来说就是借助神经网络较强的学习能力和良好的鲁棒性,来增强语言系统的可扩展性,适应灵活而随意的口语语言,并对其进行有效的行为分析。其中的精简循环网络,能够通过上下文单元的引入使系统具备记忆和利用上下文的功能。这在普遍使用规则方法解决自然语言处理问题的当时,是一个极为前沿的创新。

第二篇文章也是针对口语分析的研究成果。同一词语在不同的上下文环境中可能具有不同的语法和语义,即口语的多义现象。因此,口语分析方法必须具有更强的容错能力和鲁棒性,来提升机器对多义词含义的选择准确度。举个例子,"我想去外婆家"中的"外婆家",到底是品牌名"外婆家",还是"外婆的家",这就需要机器对上下文的内在联系进行识别。王海峰在精简循环网络的基础上,提出了口语多义选择的一致化策略,成为中国NLP领域首次应用神经网络来解决机器理解语言相关问题的代表。

王海峰攻读博士学位期间的另一个重要成果,则是在李生和赵铁军指导下完成的对BT863系统的优化升级。他将神经网络方法与规则方法结合在一起,在分词正确的情况下,将BT863-Ⅱ中汉语词兼类处理的准确率提高到98.1%,为863评测中夺冠的翻译系统的继续进步找到了方向。

如今看来,求学时期在学术上的积极探索求新,已经开始为王海峰未来以全球化视角、AI化思维做研究,埋下了引线。

1999年获得博士学位以后,王海峰选择进入微软中国研究院,从事自然语言处理研究。当时的王海峰,开始思考学术成果的价值落地,并走上了自己以应用为导向的科研之路。

当时微软中国研究院刚刚成立,李开复到中国招聘计算机相关领域的人才。报考的博士生有2 000多人,最后只录取了20多个,王海峰就是这"百里挑一"中的一员。

李开复到了微软中国研究院之后做的第一件事就是研制拼音输入法。拼音输入法的底层技术就是语言模型,这成为王海峰当时的主要研究领域。

1999年下半年,基于关键字的搜索引擎已经无法满足用户的信息需求,王海峰等人试图通过自然语言实现交互式用户界面和多媒体内容检索,构建下一代搜索引擎架构,为用户提供更加准确的搜索结果。其成果 Towards a Next Generation Search Engine（《迈向下一代搜索引擎》）也以文章形式被第六届环太平洋人工智能会议收录在当年的论文集中。

而真正让王海峰开启全球顶会学术之路的，要属将统计语言模型技术应用在中文上，实现了中文语言统计建模。王海峰及其队友让系统从网络中自动收集高质量的训练数据，并以此训练出了更加有效的中文语言模型，项目成果随后被当年的ICASSP会议收录。

一直追求研究成果能真正产业应用的王海峰，投身产业界的起点就是当时最炙手可热的微软研究院。在这里，他得以与世界顶尖科学家共事，也有机会置身其中体验世界顶级软件公司如何运行。这些都为王海峰日后的学术与产业双线进阶之路打下了基础。

经历了短暂的香港创业之后，王海峰在2002年入职东芝，重新回到了学术与产业并进之路。

这一次，王海峰开始作为技术带头人引领整个团队的研究方向，除了应用落地，他在学术上也有了更明确的目标，就是要做出世界级的研究成果，而其标志之一就是在ACL这类顶会上发表论文，这在当时的中国是很少有人能做到的。

为了实现这一目标，王海峰从技术的领先性和产品两个角度出发，确定了团队的核心任务是在支持公司现有业务需求的同时，致力于前瞻研究，为五年以后的产品提供原动力。在这种理念的支持下，王海峰的七载东芝，在学术领域的成就也出现了井喷之势。

据不完全统计，这一阶段他发表的学术论文就有43篇，涉及自然语言处理和语音基础理论研究，以及机器翻译系统的研发等领域。

更为细致地总结一下的话，东芝时期王海峰负责的学术研究主要是围绕两个方向来进行的。

一个是自然语言处理。其中包括对传统机器翻译方法的优化，比如《改进计算机辅助翻译的特定领域词对齐》《词对齐模型的领域自适应》《多策略的机器翻译》等等，分别探索了如何将新的方法、工具引入到机器翻译之中。

在此基础上，王海峰开始提出独创性的自然语言处理方法。最具代表性的就是枢轴语言方法。举个例子，中文到泰文之间的机器翻译，能找到的训练语料很少，但中文到英文有很多，英文到泰文也有很多，王海峰就把英文当成一个枢轴语言，用中英、英泰的语料分别训练模型，再把两个模型进行融合、推导，变成一个中文和泰文之间的模型，这样就解决了中文和泰文之间的翻译问题。

该研究的相关论文《使用其他语种双语语料改进资源稀缺语种的词对齐》《基于短语的统计机器翻译的枢轴语言方法》《重新审视机器翻译的枢轴语言方法》等，都成功入选ACL。

第二个研究方向则是语音。当时东芝生产的是八位芯片，相对还比较低端，想要把语音识别模块烧到芯片里面还是非常困难的。

为了能够让技术研发与产品相匹配，王海峰团队进行了很多语音识别方面的基础研究，最终让语音芯片出现在了东芝的电脑、手机等众多产品之中。

在好友荀恩东的眼中，王海峰的学术之路，包括他以后做ACL的主席、做中国中文信息学会的副理事长等一系列学术相关的成就，实际上是在这一时期奠定起来的。

王海峰本人也对此颇为自豪，说自己从2004年开始在ACL发表论文并参会以后，到现在就再也没有缺席过ACL。

"这个圈里连续16年ACL一届没缺席的人应该很难找到了。""2006年悉尼的ACL,我这个组一下子投了五篇,结果100%都录用了。"王海峰回忆道,"我自己都非常意外,从那之后,持续有成果产出,2009年他们(指ACL)就请我当ACL的机器翻译领域主席了,到2010年秋天就竞选上了ACL的主席。"

曾在哈工大与王海峰一起开发BT863系统的葛乃晟同学这样总结王海峰走上科研之路的原因:把项目做完、做得挺好,他就很高兴。对将来的规划也很简单,没有想着创业、"独角兽"什么的,更多的想着怎么念博士,去追求学问,做学术上的基础研究。

没有功利色彩,一心专注学术研究,这是王海峰的学术生涯绵延数十年的内因。而能够静下心来,百折不挠地坚持寻求新方法、新路径,是王海峰最终能够成为NLP专家的前提。

华罗庚曾这样形容搞科研的人,"能进一寸进一寸,得进一尺进一尺,不断积累,飞跃必来,突破随之"。这一句话,或许足以简单明了地概括王海峰与学术的夙缘。

巴别塔通向天空：王海峰的学术贡献与成果

《旧约·创世记》第11章中记载，当时人们联合起来兴建巴比伦城和能通往天堂的巴别塔，由于语言相通、同心协力，建成后的巴比伦城美轮美奂、直插云霄。上帝为了阻止人类最终修成通天塔，于是改变并区别开了人类的语言，让他们因语言不通而分散在各处，计划因此失败。

这个传说侧面说明了一件事，那就是解决语言问题之于人类社会的重要性。而在这场为了巴别塔举起长矛的战斗中，王海峰手中的学术之剑，已经在时间的淬炼中显露出锋芒。

在其20多年的学术生涯中，机器翻译是贯穿始终的一个关键词。从1993年春天开始研究机器翻译至今，王海峰的研究覆盖了机器翻译的几乎所有方面。

方法层面，王海峰研究过规则、实例、统计、神经网络等所有主流机器翻译方法，且都有建树。规则方面，他开发的基于规则的机器翻译系统获得过全国评测第一，证明过规则数量与基于规则的翻译系统的翻译质量直接的关系。实例方面，他率先提出了基于树串映射的实例翻译技术，提出了基于实例的机器翻译中的线性对数生成模型。统计方面，他提出用机器学习技术改进统计机器翻译，统计翻译的领域自适应，基于枢轴语言的统计翻译，等等。他的系统曾包揽国际评测的大多数第一。神经网络方面，他非常超前地用神经网络方法完成了口语机器翻译的博士论文，后来又带领百度团队上线了世界上第一个基于深度神经网络的大型互联网翻译系统。更为难能可贵的是，王海峰不仅精通每一种方法，还能将它们融会贯通，在实际产品开发中各取所长。王海峰获得科技进步奖的项目，就采用了多种机器翻译方法混合的技术。

语种方面，他从汉英翻译开始，逐步扩展到数百个翻译方向。当面临小语种语料规模不足时，他提出了基于枢轴语言的机器翻译方法。他在2006年和2007年的ACL上连续发表这方面的论文，证明通过枢轴语言建立的翻译模型，可以大幅提升语料稀缺语言对的翻译质量。这个方面的开创性工作，突破了机器翻译在语种覆盖度上的瓶颈，让资源稀缺的小语种翻译成为可能，迅速得到了国际学术界的高度评价。哈工大人工智能研究院副院长刘挺认为，王海峰可能是世界上最早提出使用枢轴语言解决MT问题的学者。后来，枢轴语言也被王海峰应用在了百度翻译当中，除了少数语种能直接找到比较多的语料外，百度支持的多数翻译方向都是靠枢轴方法实现的。

文体方面，他的研究覆盖了书面语、口语、特定领域专业文本、互联网语言等。

输入输出模态方面，他带队开发的系统除了文本翻译外，还能进行语音翻译、OCR翻译、实物翻译，甚至可以进行同声传译。2018年王海峰团队发布同声传译技术时，曾在国际上引起很大轰动，其团队成员因而获邀在ACL上做了主旨发言。

不仅是机器翻译，王海峰几乎在自然语言处理的所有子方向都成果颇丰。尤其是知识图谱，是王海峰多年来始终十分看重且成果斐然的方向，他带队研制了规模和性能国际领先的知识图谱，并实现了开放域知识图谱构建及大规模产业化应用的突破。

再延伸开去，王海峰的研究还覆盖了机器学习、深度学习、数据挖掘、信息检索、搜索、语音等多个领域，我们就不在此一一赘述了。

当然，作为著名学者，王海峰的成就并不仅限于发论文、上顶会，他在学术与产业道路的融合方面也做出了重要的贡献，这突出地表现在其所在企业的具体产品之中。

加盟百度之后，王海峰所领导的技术团队一方面要做先进的技术积累，另一方面要能够对业务有所帮助。此时，王海峰在学术界和产业界的双重身份和战略视野就起到了重要的"黏合剂"作用。

正如百度前副总裁吴海锋所说，王海峰的加入使做应用的业务部门更加专业，对技术部门来说则是更加接地气和务实，在实际需求的基础上产生了两种视角的互补。

总的来说，王海峰及其团队做的事情，像在不断挖掘技术的宽渠，将不同方向、不同领域的研究成果和技术能力如同水源一样引流到企业的平台架构之上，修葺了一个深厚辽阔的水库生态系统。

一旦前端业务层需要升级迭代，当别人还在临时抱佛脚"求雨"的时候，百度的业务部门却可以直接从这个庞大的水利设施中得到灌溉，滋养产品的每个脉络。

可以说，学术领域的前沿探索和积累，使得技术在下沉到产业上时，能够更加游刃有余。而这，显然离不开王海峰的未雨绸缪与整合落地。

举个略显夸张的例子,百度信息流产品从王海峰带一组人开始做,到上线总共花了20多天时间,完成这一极限挑战,与王海峰主持搭建的技术平台有着一脉相承的因果关系。

ACL在授予王海峰会士称号时这样评价:"王海峰在机器翻译、自然语言处理和搜索引擎技术领域,在学术界和产业界都做出了杰出贡献。"

学术的上扬与技术的下沉,是王海峰对NLP、AI的进步起到巨大推动作用的核心原因。作为百度CTO,王海峰的学术道路还在延伸。科研尚未有穷期,巴别塔或许终有建成的一天。

回顾王海峰的学术成就,不难发现,如果说科研成果的实现存在某些偶然机遇,那这种"偶然"也只会被时间授予那些学有素养与锲而不舍的人。

10

中国AI走向世界，中国AI走向未来

对于王海峰来说，他在产业界的任务，是将AI技术翻译给大众，翻译给产业。而他在学术界的任务，除了孜孜以求象牙塔顶的秘密，同时还要将中国AI的学术成果与学术精神翻译给世界，翻译给未来。从学术责任、学术交流到人才培养，中国AI的话语权绝非来自朝夕之功。

ACL首位华人主席

今天在中国的高校中,我们能看到很多和当年王海峰一样活跃在AI技术一线的学子。只不过相比20世纪90年代,他们要幸运得多。在学术层面,我们可以随时获知世界上哪一本期刊又刊登了什么最新研究成果甚至自己创造成果;在项目层面,BAT这样的科技大厂不断与高校接洽,把计算平台、计算资源以及种种技术工具输出给师生们。

"与世界接轨"这句话已经很少有人再提了,因为我们自己便是世界中极为重要的组成。

但时间倒退到20世纪90年代,信息的流动是非常封闭的,不仅没有互联网让学子们获知天下事,中外之间的学术交流也十分有限,对于位于寒冷北地的哈工大来说更是如此。佟冬曾为我们描述过这样一幅画面:每当到了暑假,师兄弟们便会坐上绿皮火车一路南下,挨个到当时学术界知名的老师家中拜访,彼此交流自己最近在做什么新的研究,有哪些想法和成果。

这幅画面看似浪漫至极,如同古时壮游天下的诗人,实际上体现出的，却是彼时中国学术研究在与世隔绝中的艰难前行。

相信那时的NLP学子们一定不曾想象，有一天国际顶级AI学术组织，能够迎来一位华人主席。

2013年，国际计算语言学协会（Association for Computational Linguistics，ACL）宣布，时任百度基础技术首席科学家的王海峰博士，正式出任新一届ACL主席。ACL是自然语言处理领域世界上影响力最大，也最具活力的国际学术组织，当时已在北美和欧洲都设有分会。NLP领域最有影响力的几个国际学术会议，包括ACL年会、EMNLP、NAACL等，都是ACL旗下会议。NLP领域最有影响的两个学术期刊 *Computational Linguistics* 和 *Transactions of the ACL* 也都是ACL创办的。ACL还有各种兴趣组（SIG），及各种会员服务。ACL Fellow被认为是NLP领域最顶级学者的象征。ACL终身成就奖则是对世界上NLP学者一生贡献的最高褒奖。

汉语作为国际通用语言之一，是世界上使用人数最多的语言，根据2014年联合国数据显示，目前全球使用汉语的人数至少15亿。作为NLP领域最权威的学术组织，ACL自然不会对这一语种视而不见。从2005年开始，ACL就开设了"SIGHAN"——有关汉语NLP问题的兴趣研究小组，还会在每年举办汉语语言处理研讨会。

其实从90年代开始，ACL就开始陆续收录一些有关汉语问题的论文。但自从1962年成立以来，ACL从未有过一位华人主席，甚至连亚裔面孔都非常少见，2013年王海峰出任主席之前，唯一来自亚洲的主席还是2006年日本东京大学的辻井润一。

ACL为什么一直没有华人主席，和为什么在2013年会出现一位华人主席，都是值得思考的问题。

其中的原因，或许要从ACL主席这一职位的需求来考虑。

从普通人的角度来看，出任ACL主席似乎是一种荣誉，实际上，ACL主席并非是一个奖励性的名号，而是一种切实的责任。ACL作为拥有数千名成员的国际学术组织，就像一所高校或一家企业一样需要有人进行领导决策、制定目标与方向，带领整个NLP领域继续向前。因此ACL主席评选取向需要从两个方向参考，一个是科学家自身的学术贡献，另一个是科学家的组织能力。

其中科学家自身的学术贡献，指的不仅仅是学术能力——发了几篇论文、提出了哪些有突破性的想法等等，更多的还有"服务精神"。所谓的"服务精神"是一个非常西方化的概念，意味着领导者不仅仅要有责任感、能够付出足够的时间与精力去代表民意发声，很多时候还要站在其他个体的角度去思考一些细节化的问题。

同样就职于百度并担任着ACL秘书长的赵世奇表示，服务于ACL这样的学术组织需要分出一定的时间和精力去关注如何帮助ACL向外发声、吸引更多会员，同时也要从人类文明发展的角度关注学术平等，给予学术能力欠发达地区更多扶持。这也是为什么ACL主席要采取一年一任的轮换制，ACL希望用这种方式，让来自不同地区的科学家带来不同的视角。

至于科学家的组织能力，则要考量科学家能否承担起学术活动的组织任务。这要求科学家除了醉心学术以外，还要有足够的领导能力和社交能力，尤其是能够与多个国家和地区的科学家进行流畅的沟通。

如此，我们就能够发现，为什么ACL中一直没能出现华人主席了。

从学术角度来说，虽然自20世纪90年代开始汉语和华人作者就已经在ACL中出现。但是早期的相关学术成果，大多数是对汉语内容的一种补充，缺乏在整体NLP领域中更具有突破性的成果。同时由于起步相对更晚，华人科学家们的学术成果累积也还不够。

建立在缺乏国际交流条件的背景之下，此前的华人科学家自然也很难做到充分了解世界各地学术发展状况，更不容易建立自身对于组织管理的能力。

毫不夸张地说，在很长一段时间里中国NLP学术和NLP领域的科学家，与整个世界是相割裂的。十几年间，从与世隔绝到走到舞台中央，中国NLP学术的奋斗过程几乎带了几分史诗感。

从王海峰的ACL旅程中，我们可以略略窥见一二。

和所有华人科学家一样，王海峰与ACL的第一次接触是查找资料。1994年，就读硕士的王海峰来到北京"出差"——所谓出差的主要内容，就是来到当时名为"北京图书馆"的国家图书馆以及一些科研院所，将NLP相关的学术期刊、相关资料等一一复印，再用旅行袋背回哈尔滨。

在互联网不发达的90年代，文本资料几乎是获取信息的唯一媒介，而在远离核心经济圈的哈尔滨，更是很难获得国际性的前沿资料。于是，从北京"人肉搬运"就成了最好的解决方案。两毛钱一页的复印费用，王海峰常常一次要复印上千元。90年代的物流产业也不甚繁荣，大部分时候王海峰是自己带着一旅行袋的资料，从北京坐20个小时的火车回到哈尔滨。甚至很多次背着几千页资料奔波于各地时，王海峰旅行袋的背带都被勒断了。

就在图书馆查阅资料时，王海峰开始加深了对ACL这一类国际学术组织的了解，虽然当时在图书馆看到的资料，通常也都是滞后的。但从这时开始，王海峰走向ACL以及中国NLP走向世界的一步阶梯就已经隐隐浮现。

等到1999年，王海峰开始就职于微软中国研究院时，这家更具国际视野的企业让王海峰距离ACL更近一步。当时就任于微软中国研究院，同为哈工大学子的周明，就已经有过在ACL投稿的经历。微软中国研究院为研究员们所制定的目标也愈发清晰——在国际学术组织和期刊上，更多地发出属于中国和亚洲的声音。

在1999年前后，微软中国研究院为中国NLP研究提供了一个很好的渠道，帮助他们与世界接洽。当时与王海峰一同进入微软中国研究院的哈工大学子刘挺和荀恩东，都已经开始在ACL上投稿，不过王海峰和ACL的第一次接触，要更特别一些。

2000年夏天，王海峰来到香港就职，进入了一家初创公司做搜索技术。恰逢那年ACL首次来到亚洲在香港举行，初到香港的王海峰得以有机会加入 ACL 2000 的当地组委会。

参与组委会工作，成为王海峰与ACL的第一次结缘。接下来在东芝工作时，王海峰就开始稳定在学术上产出。

等到了2005年前后，中国科学家的声音在ACL中也越来越响亮。

在王海峰的记忆中，2006年可以算是一个分水岭。2005年，ACL在美国密歇根举办年会时，国内只有四位科学家前往，这四位中除了来自东芝的王海峰和朱江外，还有两个来自微软亚洲研究院的熟面孔。当时这一队来自中国的"珍稀动物"，大概只带来了三篇被收录的论文。但到了2006年，ACL在悉尼举办年会时，来自中国的论文数量大幅增长，光是王海峰的东芝组就投了五篇论文，并且五篇都被收录了。此后ACL中的中国声音，就如同被按下了放大键，一路高歌向前，不断加码。

与此同时，王海峰在ACL中所担任的职务也开始增多。2009年，王海峰因在机器翻译领域的突出贡献开始担任ACL的机器翻译领域主席，后期又担任过WorkShop主席和Tutorial主席。随着职务的增多，王海峰对整个NLP国际学术圈子愈发熟悉，也开始为ACL做出更多贡献和服务，例如王海峰曾和ACL的前任主席、服务于IBM沃森研究中心的Ken Church共同发起了ACL和信息检索领域最有影响的ACM SIGIR首次联合举办的"自然语言处理和信息检索"暑期讲习班。他的领导能力、执行能力以及奉献精神，正在被越来越多的国际同行认可。

在哈工大与王海峰同窗近十年的佟冬回忆，在本科阶段就担任班长的王海峰一直是个有足够领导能力和领导意愿的人，在某一组织或某一场合中，如果大家陷入了暂无头绪状态，王海峰通常是那个愿意帮助大家理清思路逐步制订执行计划的人，而且他也能够获得大家的信服。佟冬说："用我们家乡话来讲，王海峰是个上得了台面的人。"

除了自身对于学术界的奉献精神以外，王海峰也意识到了中国力量在ACL这样的学术组织中地位的变化——中国的学术能力在崛起，可在学术影响力上却稍逊一筹。王海峰想到，自己竞选ACL主席，能够在这一方面进行一些拉动，让中国NLP不仅仅拥有学术成果，还能在学术界拥有更多话语权和撬动力。

于是在2010年秋天，王海峰做好了准备，开始参与ACL主席的竞选。当时在四位候选人中，其他三位分别毕业于美国斯坦福大学、康奈尔大学及英国爱丁堡大学，最终来自哈工大的王海峰在全球会员投票中成功当选。

除了王海峰自身的成就和影响力，王海峰还将能够当选的原因归结为两方面：一方面是中国科学家在ACL的参与越来越频繁，随着被收录论文数量的增加，ACL开始对中国声音加以重视；另一方面是当时他在百度任职，代表了"中国科技企业"这一特别角度，当时整个世界开始发觉中国科技企业所蕴含的创新能量，开始关注起中国科技企业。

从在图书馆里复印往期期刊的1994年，到拥有ACL第一位华人主席的2013年，近二十年间，中国有了足以推动世界科技创新的科技企业巨头，拥有了越来越多走向国际的学术成果。这一整条轨迹，是早期科学家们在装满文本资料的背包里和二十平方米的实验机房中，一点点摸索出来的。

在竞选ACL主席岗位时，王海峰这样介绍自己：

> 我是百度的高级科学家，也是哈尔滨工业大学的客座教授。在百度，我是百度NLP部门的负责人，语音团队的技术负责人，也是搜索团队的核心成员之一。1999年我在哈尔滨工业大学获得计算机科学专业博士学位。1999—2000年我曾担任微软中国研究院副研究员，2000—2002年在香港isilk.com公司担任研究员；2002—2010年，我担任东芝中国研发中心首席研究员兼副所长。我已经发表了60多篇NLP论文，其中12篇发表于ACL年会。在研究方面，我的个人兴趣涵盖了很大的范围，包括机器翻译（统计机器翻译、基于规则的机器翻译、基于实例的机器翻译以及混合式机器翻译），语法解析、生成，语法归纳、转述、搭配提取，语义角色标注，词义消歧，语言模型，语音和搜索。我曾担任ACL-IJCNLP 2009 机器翻译领域主席，ACL 2010 Tutorial联合主席，COLING 2010 Workshop联合主席，也包括ACL、NAACL、EMNLP、COLING和IJCNLP在内多个自然语言处理会议的程序委员会委员。我还担任了ACM TALIP的

副主编，以及ACL国际资助委员会亚洲代表（2010年8月—2012年5月）。我还将在IJCNLP-2011担任程序委员会联合主席。

王海峰在竞选时向ACL做出保证：

我在NLP学术界和产业界已经活跃了十几年，如果当选，我将从以下方面为ACL社区做出贡献：

1.推动ACL在中国的发展

过去三十年内的高速发展，让中国成长为世界第二大经济体，并有望在下一个十年继续保持强劲的增长态势。随着经济快速增长，自然语言处理在中国的发展也进入了快行道。越来越多的自然语言处理技术被应用于各类现实产品中，例如搜索引擎、输入法、机器翻译等。同时，过去这些年里，也有越来越多的相关论文涌现。现在我仍然记得，2000年我参加在香港举办的ACL大会，那时仅有微软中国研究院的论文来自中国内地。2005年在美国安娜堡的ACL大会上，仅有3篇主会议论文来自中国内地学者（分别来自微软亚洲研究院、中科院计算技术研究所和我自己的团队）。然而，到了2010年，在瑞典乌普萨拉，共有14篇来自中国内地的论文在ACL主会议上发表。

在中国，几乎所有的自然语言处理研究和学术活动都是在中国中文信息学会（CIPS）的协调和指导下进行的，该学会拥有大约1 500名会员，但大部分会员都只活跃于中国。作为该学会的理事，我将会推动该学会与ACL等国际NLP组织之间的交流互动。不仅仅是中国中文信息学会，我也得到了中国许多顶尖机构的强力支持。

这些机构都有数量庞大的自然语言处理专业的学生。例如，哈尔滨工业大学即有超过150位自然语言处理方向的研究生。

因此，我在帮助ACL吸纳更多成员方面具有天然的优势，可以让更多的中国研究者和学生加入ACL。对我本人而言，我有意愿、有准备且热切希望去推动ACL与中国自然语言处理界更加紧密地交流互动。

2.提升亚洲NLP社群对ACL的贡献率

由于有在跨国公司研发部门的多年工作经验，我和全世界范围内的自然语言处理社区，特别是亚洲的学者，保持了良好的关系。正是在他们的支持和鼓励下，我开始服务包括ACL和AFNLP在内的多个国际自然语言处理组织。这些经验，和在活动中积累的人脉，给我带来国际化的视角。如果能够当选，我将尽我所能，加强亚洲自然语言处理社区与ACL之间的合作，提升他们在各类ACL活动中的作用。

3.加强ACL同产业界的联系

百度是中国领先的搜索引擎，就查询数量而言，占有中国75%的市场份额。作为世界上最大的互联网企业之一（常与eBay争夺全球第四的位置），百度高度重视自然语言处理技术，百度的产品也高度依赖于自然语言处理技术。在百度，我领导了自然语言处理部门，该部门拥有大约50名研究员和工程师，并计划在来年将员工数量扩充一倍。我已经实现了17年前我刚刚进入自然语言处理这一领域时的梦想：为数以亿计的用户需求提供优异的自然语言处理技术。我也清醒地认识到我在推动自然语言处理技术进步方面的优势：既能做到"从科研到应用"，也能做到"从应用到科研"。此外，我还和包括微软、IBM、诺基亚、东芝、富士通以及一些中国本土公司在内的产业界实验室保持了良好的关系。如果能够当选，我将成为产业应用和自然语言处理技术之间的有益桥梁，推动进行更多由需求驱动的自然语言处理研究。

综上，由于上述所有提到的优势，我已经做好为包括中国、亚洲乃至全世界的ACL会员的利益而奉献的准备。

为了让读者更真切地体会2010年的那场历史性的竞选，下面附上王海峰竞选材料的英文原文：

Biography

I'm a senior scientist at Baidu, and a visiting professor at Harbin Institute of Technology. At Baidu, I am the head of Baidu's NLP department, and the technical leader of its speech team and one of the core members of its search technology. I received my PhD in Computer Science from Harbin Institute of Technology in 1999. I worked as an associate researcher at Microsoft Research China 1999~2000, a research scientist at isilk.com（Hong Kong）2000~2002, and chief research scientist and deputy director at Toshiba（China）R&D Center till Jan. 2010. I have authored more than 60 NLP papers, including 12 full papers in ACL main conferences. My research interests span a wide range of topics including: MT（SMT, RBMT, EBMT, TM and hybrid methods）, parsing, generation, grammar induction, paraphrase, collocation extraction, SRL, WSD, LM, speech and search. I have served as area co-chair at ACL-IJCNLP 2009, Tutorial co-chair at ACL 2010, Workshop co-chair for COLING 2010, and PC members for numerous NLP conferences including ACL, NAACL, EMNLP, COLING and IJCNLP, etc. I also serve as Associate Editor of *ACM TALIP*, and Asian representative on the ACL International Sponsorship Committee (Aug. 2010~May 2012). I will serve IJCNLP-2011 as PC co-chair.

Statement

I have been active in both NLP academia and industry for over 10 years. If elected, I would like to contribute to the ACL community mainly in the following respects:

1. Promoting ACL's growth in China

With rapid growth in the last 3 decades, China is already the second largest economy in the world and looks forward to a strong on-going growth for the next decade. Along with the rapid economy growth, NLP in China also enters a fast growth era. More and more NLP technologies have been applied in various real products, such as search engines, IME, MT, etc. Meanwhile, more and more papers have come out with each passing year. I still remember attending ACL 2000 at Hong Kong and finding only papers by MSRA from Mainland China. At Ann Arbor in 2005, there were only 3 presentations by mainland Chinese scholars (from MSRA, ICT and my team). However, in 2010, Uppsala witnessed 14 full papers from mainland China presented at ACL main conference.

In China, almost all the NLP events are under the coordination and direction of Chinese Information Processing Society of China (CIPS), which has about 1,500 members and most of them are active and connected only within Mainland China NLP community. As a council member of CIPS, I will promote interactions between CIPS members and international organizations as ACL. I not only got promise of strong support from CIPS, but also have strong support from many prominent institutes in China. Each of these institutes has large number of students in NLP, e.g. there are over 150 graduate students in NLP at Harbin Institute of Technology.

Therefore, I'm in a favorable position to increase ACL memberships: getting hundreds of Chinese researchers and students to join the ACL. And I stand willing, ready, and eager to promote closer collaborations between ACL and Chinese NLP community.

2. Promoting the contribution of Asia NLP community to ACL

With many years of working experience in corporate research labs of multi-national companies, I am well connected in the NLP community the world over, esp. with the Asian scholars. It is under their encouragements and supports that I started my service for various international NLP activities, including many ACL and

AFNLP events. All these connections and experiences have given me an international perspective. If elected, I will make every effort to strengthen the cooperation between Asian NLP communities and ACL, and advance their roles in various ACL activities.

3. Promoting the ACL's connection to industry

Baidu (NASDAQ:BIDU) is China's leading search engine, with about 75% of the market by queries. As one of the world's biggest Internet companies (usually running neck-and-neck with eBay for fourth place), Baidu highly values NLP technology and Baidu's products highly depend on NLP. At Baidu, I head its NLP department, which comprises about 50 researchers and engineers and plans to double its staff next year. I have realized what I dreamed 17 years ago when I started pursuing NLP: to create good enough NLP technology for billions of daily user requirements. And I am aware of my privilege to further promote NLP technology, both "from research to real users" and "from real users to research". Moreover, I also have close connections with top industrial labs, including Microsoft, IBM, Nokia, Toshiba, Fujitsu and some local companies in China. If elected, I would serve as a solid bridge between the industrial application and the NLP technologies and promote more user-inspired NLP research.

To sum up, taking all the above-mentioned advantages, I am fully prepared to be committed to work for the benefit of all ACL members, in China, in Asia and the world over.

看过王海峰在竞选时的承诺，我们可以关注一下ACL主席的任职机制：ACL主席的正式任职虽然只有一年，但主席会在执委会中任职四年，第一年是候任副主席（VP Elect），第二年是副主席（VP），第三年是主席，第四年是前任主席。在2016年，王海峰又当选了ACL会士。ACL从2011年开始评选会士，2012年开始以平均每年4～5个的速度评选会士，ACL会士的头衔是对NLP领域有杰出贡献的人的高度认可。同时王海峰是首位获此荣誉的中国大陆科学家，也是ACL目前最年轻的会士。由于ACL规定现任执委会成员和评选委员会成员不能参评会士，所以王海峰直到2016年从委员会退出后，才首次参评会士，并在当年当选。

我们不妨换位思考，去推论为什么在ACL会"需要"一位华人主席以及一位华人会士。

在2005年之后，中国的学术能力是随着综合国力的上涨而飞速提升的，加上一系列科技企业的出现，无一不推动着中国NLP技术成果走向国际。但由于此前长时间地与世界割裂，亚太地区的学术自我组织化又相对较弱，中国NLP学术成了一股突然闯入国际视野的力量。对于ACL这类学术组织来说其自身也面临着竞争发展的需求，通过一位华人主席联结和发展这股力量，自然成了一种战略性的选择。

于是撬动中国甚至撬动亚洲的学术能量，就成了王海峰就任ACL主席期间的重要任务。

在学术组织中，一个国家的力量和一个民族的视角其底气就来自于人才力量。王海峰在ACL承担一系列职务期间，一直在悉心培育这份力量。

在王海峰的提名之下，有越来越多的中国学者进入ACL承担职务，例如他提名了李生教授终身成就奖，周明博士作为主席，赵世奇博士作为秘书长，以及吴华、刘洋等一大批中国NLP人才，并推动了ACL于2015年首次来到中国。随着中国NLP研究越来越深入，研究成果水平不断走高，就如同一条向上攀爬的曲线，学术组织中中国力量的加码则把这条曲线牢牢接住，用国际视野来规范和引导这条曲线，帮助它继续向上蔓延。到2017年，ACL收录论文中亚太地区作者的比例甚至一度达到了33.3%。

到了2018年，一件关系着中国以及整个亚太地区NLP学术发展的事情发生了——在第56届ACL年会开幕式上，时任主席Marti Hearst宣布创建亚太区域分会（The Asia-Pacific Chapter of Association for Computational Linguistics，AACL）并计划在2020年举行首次会议，之后每两年举行一次会议，会议地点将设置在亚太地区。来自中国的ACL前任主席王海峰担任AACL创始主席。从此之后，亚太地区的NLP研究会源源不断地注入能量，学术交流将更加频繁高效，其学术成果将更好地被世界认知。具体来说，AACL会帮助ACL本身以及其研究成果在亚太地区更好地传播，扩大学术影响力。同时AACL的存在也可以因地制宜，结合亚太地区学术文化氛围、研究特色等更好地服务本地区的学者和从业者。诸如亚太地区举办分会议便于当地学术界交流，发布分会出版物，给亚太会员提供重点支持和更好的服务，推动亚太地区科研和专业领域的合作与信息交流，为其注入更多活力。

当然同时承担企业职务和学术组织事务，意味着王海峰要承担更多工作，尤其是在中美两国之间来回奔波。每次的同行者不尽相同，但他们眼中的王海峰都是相同的——在长途飞行中，很少能看到王海峰在看电影或者进行其他娱乐，大部分时候都是在处理工作或睡觉。

很有时间管理意识的他，也会尽量帮助同事节省时间。参加会议从来不迟到、不"拖堂"，体贴员工"百度生活"的繁忙与紧张。

而且不论去欧洲还是北美，王海峰很少在出差之余旅行放松，反而总是把出差时间压到最短，尽量早点赶回北京继续工作。甚至不止一次，王海峰从美国返回中国时还赶上了去程的同一班机组成员，来去两昼夜的时间，一半时间在飞机上，一半时间在美国开会。

在AACL成立之前，ACL还在欧洲和北美两个地区设有分会，而距离在1999年成立北美分会，已经过去了二十年。这同样也是中国NLP发展史上的激荡二十年，是在寂寞北地的哈工大实验室里，是在从北京到哈尔滨的绿皮火车上，由一代科学家推动着前行，直到掌心磨出茧子来，直到亚太地区也出现了百度这样世界级的科技企业巨头。

如果一定要为这二十年的历史画出一个可供参考的坐标系，相信在2015年李生教授获得的ACL终身成就奖，会成为坐标系中的重要的标志。

从2002年开始，ACL开始在每年年会时评选"终身成就奖"，这一奖项颁发给那些世界范围内在自然语言处理领域多年持续投入，并在学术成果和学术生态建设层面做出巨大贡献的科学家。获此殊荣的，有宾夕法尼亚大学的Aravind K. Joshi教授、京都大学第二十三任校长长尾真教授等一大批获得过各种奖励的科学家。

2015年，随着中国NLP方面的学术成果越来越引人瞩目，当年的ACL年会在北京举办。这也是国际NLP领域的学术盛会第一次来到中国大陆。在提名终身成就奖这一奖项时，王海峰是提名组委会中唯一的亚洲人，他提议："既然第一次在大陆召开，那么应当评选一位亚洲人，最好是中国人，这样有助于ACL提升在中国的号召力。"就这样，李生教授通过重重票选，成为ACL成立53年以来，第一位获得终身成就奖的华人。

在颁奖仪式上，李生教授说了这样一番话："我会尽我一生之力移走前进中的难题和阻碍，即便自己有一天无法攻克难题了，还有我的学生和学生的学生，只要每一代人持续努力，相信机器翻译的目标，乃至让计算机真正理解语言的梦想终究会实现。"

李生教授被称作"中国NLP领域的愚公"，也正因如此，以他为代表的中国NLP学术开拓者从一片寂静中出发，不断前行，吸引越来越多的同行者相互搀扶，走出一条越来越平坦的道路，直到从中国走向全球，获得ACL这样世界级学术组织的认可。当然，这也仅仅是另一个开始，梦中的威武雄师化作现实，将继续写下有关中国NLP学术探索的佳话。

从王海峰的角度来说，从被李生教授引进NLP的大门，到推动李生教授获得ACL终身成就奖，似乎是实现了一种"圆满"。这圆满意味着一切努力总有回响，极夜之中也能等到黎明。这种圆满的存在，会不断地激励着中国科技工作者的信心，让他们蛰伏着，继续生长。

中国AI的一张世界名片

对于科学家来说,产学一体四个字也算得上"易入难精"。产学一体并没有什么明确的概念,高校中的科学家们多多少少都会和企业有所接洽,至少做过一些有商业意味的项目。可想要真正做到通过产业与学术的结合,对产业和学术两个领域起到双向促进作用,恐怕没有那么容易。

从王海峰和百度的案例上,我们可以发现产学一体能够实现的最大化的价值,是帮助中国AI更好地走向世界。

一切的故事要从一张照片说起。

照片里除了王海峰,另一个关键人物是NLP泰斗Ken Church。他1983年MIT博士毕业,先后在贝尔实验室、微软研究院、约翰霍普金斯大学及IBM沃森研究中心工作,是经验主义NLP方法的奠基人之一,2012年的ACL主席,恰好是王海峰的前任ACL主席。2011年,王海峰与Ken Church一同发起ACL的"自然语言处理和信息检索"暑期讲习班时,曾和当时百度NLP部门的部分员工一起在百度门口留下了一张合影。七年之后的2018年,王海峰与Ken Church再次在位于美国硅谷的百度美国研究院留下了一张一样的合影。不同的是,彼时Ken Church已经加盟百度研究院,和王海峰从同行变成了同事,成为王海峰的部下。王海峰还发了一条朋友圈,感慨在1993年他就曾读过Ken Church的论文。

一个领域的尖端人才各自攀登,最终在山顶相遇的过程,同样也是中国AI通过产学一体走向世界的过程。

在前文中我们曾经提到过,中国AI学术由于起步较晚,错过了世界学术圈的组织化时期,很难再通过学术发展这一条道路走向世界。这一次错过,也间接地影响了中国在全球产业分工中的位置。缺乏学术上的高效领先,就意味着知识产权的匮乏,意味着我们必须借助其他优势才能参与到当今世界的分工模式之中。这一点在科技互联网产业中有着尤为显著的体现。

就拿IT产业来说,在20世纪80年代欧美国家已经出现了IBM PC这样的个人家用计算机雏形时,中国才研制出我国第一台大型向量计算机,初步实现了中国IT产业的自主化。等到1994年,中国一年卖出了210台个人计算机时,我们才第一次接入了国际互联网。而彼时雅虎已经有了日均100万的访问量。这种研发能力上的落后,给中国科技互联网产业发展留下了几方面负面影响。

最根源上的,是人才上的无所着落。

在学术能力上的匮乏,意味着海外的高校、研究机构等会成为科技人才培养的主阵地,例如,直到20世纪90年代,李彦宏仍在美国布法罗纽约州立大学就读,张朝阳也还在麻省理工学院的校园之中。在理想状态之下,这些海内外的人才本来应该成为知识的"搬运工",

帮助学术进入产业，尤其是取长补短将国外学术能力移植到中国产业中来。可在当时，恰恰因为是学术能力上的匮乏，导致中国科技产业与国际学术研究之间存有严重的断层。海外学子们发现自己无法迅速在国内产业界找到能够发光发热的一席之地。王海峰这样在国内投身于学术研究的人才，常常也将留校任教看作最合适的发展道路。

人才无所着落的后果，就是海外企业对中国市场与人才的双向收割。

在中国科技产业艰难发展时，海外科技企业同样也在从全球化角度进行市场扩张。在90年代前后，甲骨文、IBM、微软、东芝、富士通等企业陆续进入中国，在占据中国市场的同时，也在收割着王海峰这样的中国人才。不仅王海峰，同一时期的哈工大NLP人才，如周明、刘挺、荀恩东等等，几乎都有在海外企业任职的经历。如此一来，中国科技产业发展的阻力进一步加大。

但其中出现了两个变数：其一是互联网的出现，其二是科学家个人的努力。

1994年如同一个奇妙的虫洞，当互联网进入中国之后，我们在产业上开始了疯狂的追赶，其中百度就是一个典型代表。由于语种上的天然阻隔，在以搜索为代表的互联网产品中，中国科技互联网产业拥有着天然优势。加上李彦宏这样的早期科技创业者，往往自身也对技术抱有信仰和充分的认知基础，百度这样的企业可以得到较为长远的技术规划。加上在互联网和移动互联网时期对于数据资源的累积，中国科技产业对AI时代的到来是有所准备的。

如果说互联网带来的产业激活是阶梯，那么科学家个人的努力就是在阶梯上与世界接触的媒介。

产业角度中，企业之间会有激烈拼杀，但从纯粹学术角度来讲，科学家们之间几乎是不存在竞争状态的,共同交换信息促进发展是一种学术共识。中国科技企业发展得越强大,国际上也对我们越发好奇。

于是王海峰这样的科学家的作用,不仅仅是通过学术能力帮助产业得以更好地发展,让科技企业有能力在世界范围内与国际巨头进行正面竞争,更多时候还可以以中立化的个人身份出现在世界学术舞台上,为中国AI的学术和产业一同发声。

我们可以看到,因为个人在学术上的先进能力,王海峰得以更多地出现在国际视野之中,在ACL这类学术组织中担任职务的同时,在百度就职的经历让他成为"掀开中国科技企业神秘面纱"的最佳人选。

2018年,中国AI能量的爆发让世界瞩目。世界上最早的国际性科技期刊 *Nature* 就以"中国成为世界AI霸主的可能性"为主题采编了一篇访谈文章,从四个不同人物的视角分析了当前中国人工智能的发展态势——华盛顿的分析师 Elsa Kania、中国创业公司 DeepBrain 团队、在上海科技大学进行学术研究的德国机器人专家 Sren Schwertfeger,以及代表了中国AI企业视角的王海峰。

在接受采访时,王海峰除了向 *Nature* 记者介绍了百度AI的发展情况,还着重提出了百度目前对国际AI人才的渴求,强调百度正采取更加积极主动的方式招揽海外人才。

从与世界学术圈隔绝,到中国科学家被国际权威学术期刊采访甚至在其上"发布招聘启事"。中国几乎是通过产业的发展敲开了世界学术圈的大门,这一点在百度美国研发中心的建立上体现得淋漓尽致。

从2011年开始,百度陆续在加州硅谷和西雅图设立了三个研发中心。截至2018年,百度在美国的研发中心雇用了约200名技术专家,其中约三分之一为非华裔。在对国际人才的吸引上,不乏顶级科学家，有上文提到的Ken Church，美国罗格斯新泽西州立大学终身正教授熊辉，曾任美国国家基金委项目主任、美国堪萨斯大学电子工程和计算机系正教授、博士生导师的浣军等。

中国科技企业能够吸引来如此多的国际人才，尤其是顶尖国际人才，并不是一件常见的事情。实际上由于企业文化存有巨大差异，中国企业和国际人才常常需要在磨合上下不少功夫。像很多国际人才都不能理解中国企业中的职级管理模式，也不习惯中国企业以薪资水平为主要标志的个人价值认同机制，最终让中国科技企业成为国际人才眼中的"看上去很美"。

在这种天然的矛盾中，王海峰的学术身份起到了一个很好的调和作用。

浣军回忆，因为王海峰曾经长期在ACL这样的国际学术组织中任职，保持着和学术界的紧密联系，也对不同国家地区的文化有着更丰富的理解。他和很多科学家一样，除了被王海峰个人的学术号召力和百度所提供的研发环境吸引，在百度研究院中的工作状态也很容易适应。

王海峰自己在接受Nature杂志采访中也提到，位于美国的百度研发中心的工作文化更像是一个西方科技初创公司，而非等级森严的中国大企业。研发中心的结构是扁平的，鼓励员工自由表达意见，享受挑战。

我们不妨将百度美国研发中心的成立看成一个划时代的标志——我们从被海外企业收割人才，走向了在国际上收割人才，可以说是一场惊人的绝地反转。

接下来我们就可以去讨论本节最开始提出的问题——产学一体是

如何帮助中国AI走向世界的？

从就职于百度美国研究院的李幸的体会中，我们可以捕捉到一些有趣的侧影。她提到，随着百度研究院不断产出新的学术成果，国际上尤其是学术圈对于百度这家企业的关注也会越来越多。郭江也提到，来到海外高校求学时，会意外地发现很多同学和教授对于百度的一些学术成果非常熟悉，甚至一提起中国AI，第一反应就是想到百度。百度从中得到最直接的益处就是，真正走到顶级人才身边来吸引他们，而不是依靠虚无缥缈的隔空对话。

从20世纪到2019年，一个重要的变化是引领学术进步的已经不再仅仅是高校和研究机构，百度、谷歌、OpenAI等企业和组织也开始频繁参与。对于AI领域来说，企业的参与不仅为学术研究提供了更好的环境，提供了算力资源、数据资源、开发工具等一系列基础设施，就如同王海峰和百度的高度契合一样，企业对于学术方向的牵引和影响，也能让学术研究更加贴近现实世界的需求，让学术研究更加高效也更具有现实意义。

这种现实意义，在百度美国研发中心的人才机制中有着很好的体现。研究者被百度的AI能力所吸引加入百度研发中心，在其中产出更多研究成果，不断地放大百度在国际上的声量。有了可持续的人才补充机制，才能维持着从学术到产业的创新原动力。

有了百度珠玉在前，未来中国AI企业走向国际也会更加顺遂，百度如同中国AI世界化的破冰船，破冰船行过，整支舰队便能顺利前行。

因此我们也能意识到，今天的中国AI已经到了一定要向世界发声的时候。

如今AI所带来的技术升级，被整个世界看作一次革命性的重塑之机,它对人类劳动带来的提质增效,或许将改变整个世界经济的分布格局。从2015年以来,已经有许多国家将人工智能列入战略性的国家发展计划。其中中国和美国更是站在了最受瞩目的擂台之上。我们花了几十年的时间,从边缘走向舞台中心。如今中国AI也拥有了百度这样的"名片"——一家不断在学术领域释放创新信号,并且在国际范围内都有着强大人才吸引力的企业。百度前总裁张亚勤告诉我们,除了王海峰个人以严谨认真著称的人格魅力之外,他在学术研究上的前瞻视野也对国际人才形成了强大的吸引力。对于国际学术人才来说,很多时候薪资并不是最重要的,而是跟随一个足够有影响力的人,共同挖掘有价值的学术方向。

这时中国AI从产业和学术上共同在国际舞台发声,除了可以吸引人才以外,同样也可以通过自己的影响力左右AI发展的整体走向。尤其是涉及AI安全、AI伦理等问题时,此时能否表达出自己的意见,或许决定了在这次技术革命之后,我们要如何与未来世界的技术规则共处。利用AI技术,我们创造出的究竟是一个高效而冰冷的明日工厂,还是一座让人类整体都获得更美好生活的未来花园?今天的我们,正站在明暗之间。提到这些问题,张亚勤也强调,百度是站在国际舞台上的AI企业,应当承担起更多责任,也看向更广阔的空间。例如对脑科学、量子计算等前沿领域的投入,通过对基础科学的突破,去为整个世界寻找新的机会。

这也是为什么,中国AI会需要王海峰这样横跨产业和学术视角的科学家,产学一体不仅仅能够帮助AI更好地提升发展速度,也能够看到AI对于整个世界更长远的影响。如果仅仅关注产业效率需求,很有可能会无意中激发技术的阴暗面。这时源于学术角度的冷静思考,可以帮助AI世界舞台上的中国声音更加理性，从而发挥引导力量。

中国AI的攀爬之旅，不仅仅是为了挖掘山顶的宝藏，也要站在山顶饱览群川，为整支队伍提供参考意见。尽职以外，更应尽责。

新一代人工智能战略的中坚力量

> 与有肝胆人共事，从无字句处读书。
>
> ——周恩来

在本书中，王海峰和哈工大的故事脉络都是沿着中国AI的攀爬过程一路进行的。因现状而回溯过去的同时，我们也可以更好地理解现状。

在当下这个决胜AI的关键时刻，相信很多人都在好奇着同样的问题：除了学术本身之外，科学家们还会用何种方式支持AI发展？国家力量和个人学者的合作模式是怎样的？对于AI产学研的累积和经验，又是怎样在一代代科学家身上延续和传递的？

一个国家对于AI的钻研和投入，并不是一场三年五载的急行军，而是需要花费数十年甚至几代人来完成的技术全面进迁。因此，弄明白上述问题是非常重要的，只有时刻看清自己在技术坐标上的位置，才能让进程不断延续。

以王海峰为样本，我们可以来看看新一代人工智能战略中坚力量的模样。

我们首先要了解的问题是，除了学术研发本身以外，科学家们的另一大任务，就是通过人才的持续培养去支持中国AI的蔓延和向上生长。

在本书讲述的一系列哈工大与AI的故事中我们不难看到，是因为有了李生教授的坚守，培养出了王海峰这一代学者，才让中国孕育AI的产业土壤成熟之后，能够与种子相遇生出根系来。但也正如李生教授自己说的那样，机器翻译的发展如同愚公移山，需要不止一代人的投入才能破解语言的奥秘。同理，AI作为一项深埋于基础、旨在对万事万物进行赋能的技术，同样也需要"子子孙孙无穷匮也"式的人才体系传承，才能满足AI的持续发展需求。

王海峰深知，作为中国AI的"中坚一代"，虽然他和很多科学家一样已经投身产业，但也应该承担起这一任务。于是我们能看到，即使已经投身产业，王海峰仍然在坚持着带博士生。因为自身横跨产业和学术两个领域，王海峰能够清晰地感知到AI产业人才需求和高校中AI学术培养体系之间的差异。就像提出过"AI寒冬论"的AI学者Filip Piekniewski指出的，AI在产业化发展中一个巨大的问题，就是由于对人才的过度渴求，企业直接将原本在实验室和高校中的研究员聘用过来，可对方却在技术应用性上毫无经验。那么王海峰这一代科学家所培养出的学术人才，是否会在产业场景中拥有更强的适应性？

郭江的经历，或许可以回答这个问题。

回忆起王海峰的教学风格，郭江一个印象极深的地方就是王海峰对于学术研究的应用性有着很高的要求。他回忆起，王海峰经常强调："不能为了做论文而做论文，一定要想到这个论文以后怎么能改变别人的生活，能怎么实际应用于人们的生活。"就像郭江在哈工大社会计算与信息协作研究中心的实验室时，他印象最深刻的一点是，实验室要求每一篇论文都必须提供一个可供展示的DEMO，来证明你的研究是可以投入于应用场景之中的。

除了应用性以外，哈工大的"规格严格，功夫到家"也在一代代师生间不断传承。说起对博士生的培养，王海峰自己最强调的就是严格。即使在以严格著称的哈工大中，王海峰的标准也要再提升一级。对于博士毕业生的研究成果，王海峰甚至会一条条地盯着实验数据。郭江也提到，在其他高校的培养模式下，文章里出现语义模糊或是模棱两可，并非是不可接受的事情。但对于王海峰来说，他的眼中容不得一丝不严谨。

除了就任于哈工大以外，王海峰还曾受聘出任北京大学软件与微电子学院的语言信息工程系主任，把成功的AI人才培养经验移植到更多高校之中。

AI快速铺入产业之后，最容易出现的状况就是由于AI人才的高渴求度，导致AI人才培养过程过于粗放，最终影响未来中国AI的整体发展。如果说哈工大的"规格严格，功夫到家"精神帮助中国AI在荒芜年代迈出了坚定的探索步伐，那么在AI的黄金年代，这种对于人才培养的严谨和严格可以帮助AI远离虚浮，在生长之路上获得更有力的支撑。

以王海峰为代表的AI科学家，之所以被称作"中国AI的中坚力量"还有一个重要原因，那就是他们正投身于产业之中不断奉献。在人才培养体系上，除了高校内部的学术路径以外，企业本身对于员工的招聘和锻炼，也是另一种培养路径。在企业人才的培养上，赵世奇是一个很典型的案例。

在2007年赵世奇写博士论文时，作为哈工大兼职博导的王海峰就给过他不少远程指导。说起那时对王海峰的第一印象，赵世奇用"细致"二字来回答——王海峰改东西时，都是一个字一个字地改，英文论文则是一个词一个词地改，去钻研细节而不是泛泛地提一提宏观的意见。

在2010年两人先后入职百度后，赵世奇曾长时间在王海峰的团队里工作。对于这段经历，赵世奇称之为"在指挥下作战"。哈工大学生看到的王海峰，和百度员工看到的王海峰，有很多地方是相互印证的。

例如王海峰的严谨细致，从一个字一个字地抠论文变成了精益求精地推敲技术规划、审核产品方案等等。百度品牌市场部、AI市场部总经理徐菁提到，王海峰的记忆力非常好，让他经常成为员工们的"百度大脑"，有什么事实记录性的问题都会去问他。在面对工作内容时，王海峰不仅逻辑严谨，而且在思路上具有一致性。一份密密麻麻的文件交给他，他很快就看完了，并且指出哪里有前后矛盾的逻辑错误。除了对技术、产品问题有着深入了解之外，王海峰平时参加运营、市场等方面的会议，也能迅速找到其中的问题。

再如王海峰的勤奋，从每天早早地到达实验室变成了每天早早地到达办公室，甚至保洁员工都要提前把他的办公室清扫出来。现如今作为百度CTO，王海峰仍然每天早上七点就到达公司，晚上则通常要到八九点钟才会离开。甚至百度中还流传着一个"传说"——王海峰"这辈子"都没睡过懒觉。截止到我们进行采访的2019年8月，他已经至少两年没有休过假了。这种深入骨子里的自律性也体现在王海峰的精神面貌之上，除了有充沛的精力对应高强度的工作，王海峰的体型也保持得很好，从大学以来，三十年的时间体重几乎没有发生变化。提到高强度工作，几位同事都提到王海峰经常跟大家说的一个观点："要想可持续发展,除了扎实的专业能力,有四个词特别重要:体力、精力、意志力、胸怀。这四点都很重要,如果一定要排个序的话,那我会把胸怀排在第一位。只有胸怀宽广的人,才可能长期保持体力和精力充沛,长期保证意志力坚定。"

当我们问及王海峰本人时,他没有多谈自己对于员工潜移默化的影响,而是强调一家企业是如何塑造人才的。AI是融合性较高的技术,王海峰在团队不断扩张时,就会包容多元性的人才,帮助员工发挥自己的优点以及抑制缺点,在保证大方向正确的前提下,提供更好的平台让员工去畅想和发展。所以,今天我们能看到,百度不仅仅能够吸引来很多AI人才,还能让很多人才"AI起来"。

但当我们问及那些和王海峰共事的同事、下属时,又得到了另一层面的答案。面对人才,除了给予技术和职业发展上的指导之外,王海峰作为管理者,也给予了他们很多感性层面的关怀。

王海峰的超强记忆力不仅仅用在工作上,在NLP部门成立并逐渐扩张的很长一段时间里,王海峰一直能清楚地记得每个人的生日、入职时间、大学所学专业。当时百度还没有建立完善的员工生日福利制度,但王海峰却能记得同事的生日,还会准备蛋糕和生日惊喜。

像这样的故事有很多,他记得同事的每一个重要时刻,也会安慰家中被盗的同事,正如他一直用作百度Hi签名的那句话,"与有肝胆人共事,从无字句处读书"。与同路人之间的信赖关怀,结合专业能力,帮助他不断提升对优质人才的吸引力,让他成为中国AI的"中坚力量"。

曾任百度副总裁的吴海锋说过,中国产业界做AI的80%都来自百度,其中80%都在王海峰团队工作过。这组数字也从侧面反映出,中坚力量对于产业人才影响的范围究竟有多广。

可同时相信很多人也会产生疑虑，当学术与产业在人才培养上紧密捆绑时，会不会因此造成学术发展的短视，让学术研究过度追求商业应用而忽略基础创新？

这个问题关系到了"中坚力量"的又一层定义——除了为当下和未来培养人才以外，科学家们还应该站在更高层面为中国的AI发展奉献力量。

在产业界同样渴求人才的时代，分身术成为中国AI中坚力量的必备绝技。在王海峰三字后面，除了百度CTO这一个职务之外，我们还能看到一长串国家级学会、国家级工程实验室、产业联盟等的名字。

其中有深度学习技术及应用国家工程实验室理事长兼主任、类脑智能技术及应用国家工程实验室副理事长、大数据系统软件国家工程实验室技术委员会副主任这样被纳入国家中长期科学和技术发展规划纲要，以提高产业自主创新能力和核心竞争力为主旨的国家级实验室中的角色。也有中国人工智能产业发展联盟、新一代人工智能产业技术创新战略联盟、新一代人工智能战略咨询委员会这样关乎AI未来发展的重要组织。还有像中国电子学会、中国中文信息学会这样的国家一级学会，王海峰在其中担任副理事长。

能够在国家项目、学术组织以及企业中任职，考验的不仅仅是中坚力量的分身能力，更多的是以他们的跨产业身份为媒介，促进企业为国家需求做贡献。

作为中国AI的头雁，百度在这一方面自然当仁不让。2017年百度联合清华大学、北京航空航天大学、中国信息通信研究院和中国电子技术标准化研究院等成立了深度学习技术及应用国家工程实验室；2017年百度自动驾驶成为科技部四大国家级人工智能创新平台之一；等等。案例中所体现的百度对产学研一体的高度支持，以及对国家战略级技术发展责任的承担，都和王海峰对于百度AI底色的积淀不无关系。

大概是因为产学研结合以及基础技术创新早已写进了百度AI和王海峰职业生涯的基因之中，提起这些项目，王海峰的态度平静而笃定，他提到很多重大专项的目标定位就是产业化，而且是覆盖场景极其广泛的"大产业化"，因此除了科研院所，也需要产业界的参与。同时在很多重大专项上，百度自身的目标是和这些项目的目标相匹配的。有国家的支持，并且用自身的产业能量做出贡献，无疑是一种双赢。

从王海峰的态度中，我们也能隐约看到中坚力量在AI大时代洪流中默默伫立支撑的模样。科学家的身份从未像今天一样多元化，他们横跨产业、学术与种种组织，不断编织着技术的当下与未来。

当然最后能为王海峰敲下"中国AI中坚力量"这一印章的，还要属吴文俊人工智能科学技术奖的颁发。

吴文俊院士1919年出生于上海，一生投身于数学研究，尤其是拓扑学和数学机械化两个领域。他为拓扑学做了奠基性的工作；他的示性类和示嵌类研究被国际数学界称为"吴公式""吴示性类""吴示嵌类"，至今仍被国际同行广泛引用。吴文俊院士生前一直对我国人工智能的发展高度关注，与中国人工智能学会历届理事会同仁结下了深厚的学术友谊。在他的支持下，2011年中国人工智能学会正式发起了有"中国智能科学技术最高奖"之称的"吴文俊人工智能科学技术奖"。

在2018年的第八届吴文俊人工智能科学技术奖颁奖礼中，吴文俊人工智能奖颁发了首个"人工智能杰出贡献奖"，获得这一荣誉的，正是王海峰。

相比"认可""荣耀"这些概念，这一奖项所展示的更多是一种传承，一代代的科学家成长起来，成为时下技术洪流中的中坚力量，进而将这种意志力与知识一起传递下去。这一次次的传奇形成一节节坚硬的骨骼，最终长成巨龙向上扬起的脊梁。

2019年9月，王海峰首次以百度CTO的身份参加百度2020校招。由于AI的全社会火热与就业利好，这次百度校招受到了大量高校应届毕业生的关注。而这次全国巡回校招活动的第一站，就是王海峰的母校——哈工大，这也是如今王海峰难得回到家乡的机会。

少有人知的是，这次哈工大之行背后有个感人的细节。哈工大活动现场，距离王海峰的家只有十分钟路程。但忙于为学弟学妹们讲述AI时代就业抉择，并且代表百度与哈工大签订战略合作协议的王海峰，居然怎么也无法抽出时间回家一趟。最后，是王海峰的母亲和三姨来到学校，才终于见到了忙碌的孩子一面。AI时代，有太多人如王海峰一样奔忙着，飞驰着。他们的过家门而不入，促成了AI技术回到名为中国的家乡。

亲历者的AI沉思录

关于到底应该怎么认识AI，如何评价AI的价值，理解AI在今天与我们生活、工作的关系，如今舆论中有着林林总总的评价。而那些真正推动AI产业发展、从事AI技术研究与工程化的行内人，又是如何理解AI的呢？

为了满足这个好奇，在本书的结尾部分，我们请王海峰来回答了几个如今最热门的AI话题。

首先，在王海峰眼中AI技术的本质与未来究竟是什么？王海峰认为，AI的本质，就是让机器像人一样去感知世界和认知世界，更重要的是，具备像人一样的思考能力。

基于此，他将AI技术分为两个层次：一个层次是感知层面的技术，比如听觉、视觉，就是让计算机能看、能听；另一个层次是认知层面的技术，像是语言、知识、理解、推理等这些人类内化的智能。而学习能力，则是感知智能与认知智能的共同基础，人工智能过去这些年的发展，正是得益于机器学习，尤其是深度学习技术的支撑。而任何一个AI

产品,往往不是凭单一技术去支撑的,而是感知技术和认知技术综合在一起,针对某一个特定的问题,设计出最有效的解决方案与产品。

显然,对于"让机器可以思考"这件事,王海峰并不像很多科学家和业界人士表现得那样悲观和恐惧。相反,在他看来,机器确实会在一些能力上比人更强,比如记忆、计算、获得大规模知识等方面,甚至语音、视觉的一些方面,机器也已超过人了。但同时机器也是永远不会替代人的,最终的发展结果一定是AI将人们的生活变得更美好。

这种乐观主义的判断,动力来源之一或许在于,作为AI从寒冬到热潮这一完整波形的亲历者,王海峰能够最为真实地感知到AI从诞生到快速发展期所经历的重重困难,以及中国学者和产业人才所为之付出的诸多汗水。

不过,要让大众理解AI到底能做什么、在做什么、将做什么,是一件任重道远的事。硅谷有句谚语:人们会高估三年内的成果,但低估十年后的成绩。关于AI的三大焦虑,正恰如其分地体现了这一点。

在今天,最广为人知的"AI焦虑",就是所谓"泡沫化"。

从2015年开始,国内AI领域的投资就开始以每年150%以上的速度爆发式增长,并在2016年的人机围棋大赛上成为全民热点,大量资本、创业者拥入。然而,AI技术的商业化落地并不如预期,据《2018中国AI商业落地研究报告》显示,2017年,90%以上的AI企业依然处于亏损阶段,绝大多数企业年营业收入不足两亿元。在这样的现实面前,不少投资人和媒体对AI的态度发生了巨大的变化,开始认为这一轮AI热潮是"泡沫"。

在这样的转变中,王海峰对技术本质的理解与乐观态度,可以让人很明白地看到:

在大众神化AI的时候，王海峰反复强调，AI对各行各业的贡献还只是刚刚起步，距离通用智能还很遥远。

当大家对AI大方向失望并质疑的时候，王海峰依然信仰技术，"任何一个新兴行业，在刚发展的时候，都会不可避免地带进来一些泡沫。这是一个正常的发展过程。泡沫本身并不可怕，就像啤酒，把泡沫撇掉了，它还是一杯啤酒，只要真正有价值的东西在里面就没问题"。

在王海峰看来，随着整个行业的发展，技术和产品逐步创新，泡沫就会逐渐地被挤出，过度焦虑与过度神化都会过去，很快社会整体又会回归理性。这个泡沫挤出的结果，并不是灾难性的，而是行业逐渐发展成熟、社会接受程度也逐渐提升的过程。

"看清楚这个行业会往哪个方向走，逐渐往前走，泡沫自然就会消失。"

第二个普遍的质疑，则是关于AI安全的担忧。

站在AI时代的序幕前，对于设备、技术更加智能化以后，所产生的信息安全、隐私安全问题，也让不少人心存疑虑。

从科技发展史上看，一项新技术要取得商业上的成功，一方面，需要技术做到足够成熟，可以让使用体验产生数量级的差别。另一方面，要能够改造原有的商业规则，建立起新的技术伦理与规范，移动互联网时代的数据隐私就是一例。

AI想要成为普适性技术，建立专属的技术伦理和隐私保护规范就成为学界和产业界的共同责任。

王海峰显然对此也高度重视，他认为，社会各界必须要建立一个共识，在合适的尺度、明确的标准之下去推动技术的进步。比如说现在安防大量使用的摄像头，人脸识别技术的尺度到底怎么掌握？用到什么程度是可以的，什么程度不可以？都需要社会各界共同推动和明确规则的边界，让AI在一个更合理的尺度内发展。

另一个现象也能够说明大众对AI的误解，那就是认为AI可能造成失业潮。

AI对许多行业流程环节上的效率提升，不可避免地取代了大量的人力工作，对此，王海峰显然也是一个乐观主义者，认为新的生产力出现也会产生更多的工作机会。

回顾人类历史上的几次工业革命，每一次都会导致原来的一些工种消失了，像是汽车的出现导致马车夫这个职业消失了，但整个社会的工作机会反而变得更多了。AI也是如此，当算法可以自己完成识别时，需要更多的人力来完成识别之后的工作；AI医疗智慧模型的设计初衷也是帮助医生提升工作效率和质量，而非取代医生。

以百度为例，王海峰表示，百度的各种产品，比如搜索是为了帮助人们更平等、便捷地获取信息，自动驾驶做好了可以改变人的出行方式，这些都能够让人们更愉快地享受生活。

正是基于上述基础判断，王海峰并不担心"技术威胁论"，反而是对于AI技术能否在当下真正为社会所用，有着更多的担忧。因为并不是每一个企业或产品，都能成功打通商业化落地的通路，而这也是掣肘技术和产业发展的真正原因。

他曾经以自身在百度的实践经历，给出了技术从实验室下沉到产业界的基本发展路径：

首先，由于AI技术在最终应用中不是单一发挥作用的，因此在落地时，首先需要考虑真实的使用环境是什么，技术能够解决环境中出现的哪些问题。比如在2012年初，面对搜索业务庞大的数据量，以及计算平台日渐强大,王海峰就逐步开始带领团队通过大数据、大计算以及先进的算法,三者结合起来进行全面的技术创新。

其次,寻找解决每一个问题最好的技术,把这些技术最后形成一个综合的、整体的解决方案,达到最好的效果。表现最为明显的就是在百度的搜索系统上,通过深度学习、自然语言处理、知识图谱、语音、图像等多种技术的突破和综合应用,逐步进化为一个彻底的AI系统。

从这个意义上说,作为继互联网浪潮之后社会发展的最大技术红利,AI越来越成为一条必须踏上的征途。在这个过程中,王海峰认为,"最关键的,是我们真正了解技术的规律、特质和历史"。

从历史中总结,会对技术的发展回归理性和乐观。那么,展望未来,个人与企业又该以何种姿态更好地把握机会、融入AI的时代浪潮之中呢?

王海峰眼中重要的产业趋势有三个:

第一,技术层面,深度学习之外的算法和技术会出现。比如小数据学习、低能耗学习,随着对人脑机制的深入了解,新的认知机制和算法将会逐步探索出来,弥补深度学习的一些先天缺陷。

第二,产业层面,不要追风口。在王海峰看来,历史上很多最后成功的往往不是第一个冲出来站在风口上的人或公司。只有扎扎实实地积累,抓住新技术的窗口期,才能一步步把AI这个大方向做好。这种面对热潮"波澜不惊"的态度,与他本人的人生经历息息相关:"我做事比较坚持,选择了做一件事,就要负责到底,持之以恒不断地做得更好。我已经做了20多年,相信还会继续下去。"

第三,个人层面,打好基础多实践。对于刚刚进入AI或者想要进入AI领域的年轻人,王海峰的建议也非常与众不同。他认为,打好基础才是关键,越是掌握基础的东西,比如数学与编程能力,后面才能走得越远。而百度的各个平台化AI技术,都会毫无保留地开放,支持开发者们的每个需求。

业内有评价,王海峰擅长让项目落地——让AI真正像水和电一样渗透到人们的日常生活,但通过对AI命运问题和产业趋势的透视,王海峰的远见卓识与学者责任,也更清晰地展现在了人们面前。

"我始终相信,科技能够改变世界,而AI则是我们这个时代的核心生产力。"王海峰说出此话时,语气坚定。有理由相信,在这些亲历者眼中,正在抵达的AI时代必定充满着无限可能。

后记

三次翻译，三十年旅程，中国AI不是"奇迹"

在本书最后，我们终于可以来回顾中国AI的三十年之旅。

在今天"AI"一词出现于商业世界的各个角落时，很多人开始产生"自我质疑"。认为中国AI是一夜之间发展起来的空中花园，其中夹杂着大量的泡沫工程。然而事实果真如此吗？中国AI的今天只是昙花一现的虚假奇迹？

诚然，和每一项技术一样，当资本大批量涌入时，难免会出现浑水摸鱼者。但这种现象并不能否定中国AI现如今的成绩，以及扎实走过的三十年。

对于中国AI的现状，我们可以看看如下一组数字：

德国公司IPlytics发布了一项关于人工智能技术专利的研究报告，报告分析了2008—2019年的448 684项专利，结果显示，截至2019年1月，中国平均每年的专利申请达到了66 508项，位列世界第二。

中国新一代人工智能发展战略研究院发布的《中国新一代人工智能科技产业发展报告（2019）》和《中国新一代人工智能科技产业区域竞争力评价指数（2019）》显示，在应用层面的专利申请上，中国已经位列世界第一。在745家人工智能企业中，应用层企业占比高达75.2%，广泛分布在包括智能制造、科技金融、数字内容和新媒体、新零售和智能安防在内的18个应用领域。

同时，报告还显示，我国论文发文量居全球第一，论文总被引次数位列全球第二。可见在人才方面，中国也在疯狂追赶。

中国AI在专利技术、产业结构和人才储备上的突出表现，也获得了世界的瞩目。

2019年《MIT科技评论》将专题定为"中国支点"；剑桥大学在年度《AI全景报告》中，也将中国AI作为单独课题来重点研究阐释。

从王海峰的故事中，我们不难发现中国AI当今成绩的取得，并不是经历了飞跃式发展，而是在数十年酝酿与发展中累积张力，最终在合适的产业机遇与时代需求下，完成了从等待到绽放的过程。王海峰的三次"翻译"，恰好也见证了中国AI三十年的发展。

第一次翻译，是王海峰作为机器翻译研究者，在学术领域的探索。

在那个信息流通尚不发达的年代，无数研究者就像王海峰一样，为了获取学术信息而四处奔波。他们用双脚一点点迈过物理世界空间的阻隔，如同工蜂一样传播着知识、埋下种子，让中国AI有了从零到一的可能。他们在静默的学术世界挖掘和罗织，通过学术上的创新和探索，不断为中国AI的未来加码。

这一次翻译行动，见证的是中国AI在寒窗冷灶中的学术追寻与积累。

第二次翻译，是王海峰开始走向产业，将学术成果翻译成应用成果。

王海峰在百度种植AI的过程中，我们可以清晰地看到哈工大的"工程化"精神是如何影响中国AI发展的。每一次将技术投入现实场景的试验,每一次对人们切实需求的挖掘,都在对中国AI进行淬炼。也就是在这一过程中,产业界开始逐渐认识到AI能够释放的能量,AI作为工业效率助燃剂的效用逐渐显现,于是便开始有越来越多人对AI有所关注和投入。

这一次翻译行动,见证的是在中国AI人强烈的致用理想之下,中国AI应用探索从筚路蓝缕逐渐走向黎明。

第三次翻译,是王海峰在AI工业大生产时代,将百度AI技术翻译给大众,翻译到世界。

随着百度大脑5.0版本的面世,中国AI所勾勒出的工业革命图画也越来越清晰。百度大脑所代表的AI技术平台化、整合化和工具化,意味着AI的目标不仅仅是帮助某一家企业或某一行业走向新高,而是成为服务于整个社会经济体的新动能。当然,其中少不了AI产业对学术的持续关注和投入,以及对长期方向一贯的笃定。

第三次翻译行动,见证的是在产业爆发阶段,AI逐渐成为国民经济发展的推动力。

那么,未来呢?

在这三次翻译之后,我们一定还会历经第四次、第五次乃至第无数次翻译。

在拥有了足够的学术累积和应用经验之后,中国AI必然在工业大生产时代全力加速。在由AI驱动的工业革命拉开帷幕之后,我们会看到怎样的景象?

可以预见的是,随着政府及全社会对于AI教育的关注,我们的AI人才培养体系会进一步完善,为工业革命提供持续的动力。随着AI技术应用门槛的降低，AI会很快进入工业大生产时代，不仅服务于某一行业，而且为整个经济体提供动能。同时产学结合的运行状态也会更加顺遂，从实验室到工厂的路径会被不断缩短，学术优势可以被更好地发挥和利用。当然还有当下科技企业们正在奋力构建的生态平台，也会随着时间而逐渐完善，科学研究者、技术开发者和产业应用者彼此的关系和合作链会更加紧密而顺遂。

总之，今天的中国AI仅仅是一场宏大的开幕式。未来的剧本，或许早在中国AI的寂寞年代就已经被书写规划。只待时间的推动，让无数后来人继续加入队伍一齐实现。

现在，我们可以来回答一开始的问题了：中国AI，从来不是奇迹。

中国AI的三十年发展，是由无数王海峰这样的科学家、企业家共同构建的。中国AI璀璨如珠玉的今天，包含了无数AI人以十年为单位的热爱与坚持。他们用自己半生的故事，编织起中国AI的历史。

中国AI的今天，不是奇迹，而是无数AI从业者燃烧岁月后燃起的篝火；是无数AI学子前赴后继的道路与方向；是技术笃信者用尽青春，最终抵达的工业革命序幕。